Four sec

焼き菓子の売れてるパティスリーの
フール・セックとドゥミ・セック

10店のレシピと差がつく売り方

Demi sec

柴田書店

　焼き菓子はパティスリーにとって利益を上げるために欠かせないアイテムです。生菓子にくらべて工程や材料がシンプルな上、計画的な生産スケジュールの見通しもつけやすく、原価も比較的低く抑えることができます。店を長く続けるためには、魅力的な生菓子を揃えることはもちろんですが、それに加えて、ふとしたときに食べたくなる、店に行けばつい買ってしまう、誰かに贈りたくなる、そんな焼き菓子を並べることが、実は重要です。とはいえ、ともすると地味な印象を持たれがちな焼き菓子で、移り気なお客の心をつかむのはなかなかに難しいものです。

　差別化の要は、なんといっても他店にはない味づくりへのこだわりにあります。定番菓子に工夫をこらして忘れられない味わいをつくり出す、食べ頃になるまでねかせておいてベストなタイミングで店に並べる、アーモンドは自店で皮をむいて挽き、その日のうちに使うことで香りを最大限に引き出す——店によってそのベクトルはさまざま。シンプルにして奥深い焼き菓子の世界と向き合い続けてきたパティシエたちの知恵が光ります。

　そして、味づくりと並んで大切なのがその売り方。店の世界観を反映させたオリジナルのパッケージ、看板商品を売るための陳列のテクニック、ギフト詰め合わせの価格設定、お客の動線を意識した配置。売り方のコツは、思いもよらぬところにありました。

　本書に収録したのは、焼き菓子にも多くのファンをもつ10店のパティシエの味づくり、売り方の工夫、そして人気のフール・セックとドゥミ・セックのレシピです。なじみのある味わいの中に他店にはないオリジナリティをひそませること、そして、それをお客の心に届く形にして見せること。焼き菓子もよく売れるパティスリーのあり方を考えるヒントは、どうやらそんなところにあるようです。

フール・セック Four sec

8		Gipfel	ギプフェル
11		Corné	コルネ
14		Palet Or	パレオール
18		Sablé au Citron	サブレ・シトロン
22		Galette au Rhum	ガレット・ラム
25		Galette au Poivre	ガレット・ポワブル
28		Four Pocher	フール ポッシェ
30		Monaco	モナコ
32		Caramello Salato	カラメッロ サラート
35		Cantucci con Libes	カントゥッチ コン リーベス
38	40	Spéculos	スペキュロス
39	41	Viennois	ヴィエノワ
42	44	Biscuit Champagne	ビスキュイ シャンパーニュ
43	45	Diamante al Caffè	ディアマンテ アル カッフェ（コーヒーのディアマン）
46	48	Coco Bâton	ココバトン
47	49	Rosa	ローザ
50	52	Croquant Gascogne	クロッカント ガスコーニュ
51	53	Caramel Macadamian	キャラメル マカダミアン
54	56	Macaron d'Amiens	マカロン・ダミアン
55	57	Macaron Nancy	マカロン ナンシー
58	60	Bâton aux Anchois	バトン・アンショワ
59	61	Edam	エダム
62	64	Sablé à la Mangue et Framboise	サブレ・マング・フランボワーズ
63	65	Sablé au Kinako	あ！きなっ娘
63	65	Feuillantine	フィアンティーヌ

10店の焼き菓子づくりと売り方

68	Lilien Berg	リリエンベルグ／横溝春雄
70	La Vieille France	ラ・ヴィエイユ・フランス／木村成克
72	Maison de Petit four	メゾン・ド・プティ・フール／西野之朗
74	L'atelier MOTOZO	ラトリエ モトゾー／藤田統三
76	W. Boléro	ドゥブルベ・ボレロ／渡邊雄二
140	L'automne	ロートンヌ／神田広達
142	Blondir	ブロンディール／藤原和彦
144	Pâtisserie Rechercher	パティスリー ルシェルシェ／村田義武
146	Ryoura	リョウラ／菅又亮輔
148	Éclat des jours pâtisserie	エクラデジュール パティスリー／中山洋平

82		Financier à la Framboise	フィナンシェ・フランボワーズ
85		Dacquoise à la Framboise	ダコワーズ・フランボワーズ
88		Visitandine	ヴィジタンディーヌ
91		Fromage cuillère	フロマージュ キュイエール
94		Amandine	アマンディーヌ
97		Nonnette	ノネット
100		Cake aux Fruits	ケイク オ フリュイ
103		Burgtheater Linzer Torte	ブルグテアター リンツァートルテ
106		Terrine d'Automne	テリーヌ・ドートンヌ
109		Bourjassotte	ブルジャネット
112	114	Régal Savoie	レギャル・サヴォワ
113	115	Bobes	ボベス
116	118	Dacquoise	ダコワーズ
117	119	Engadiner Torte	エンガディナー
120	122	Florentine	フロランタン
121	123	Petit Citron	プチシトロン
124	126	Goûter Coco	グテ・ココ
125	127	Amor Polenta	アモール ポレンタ（ポレンタ粉のケーキ）
128	130	Madeleine au Sakura	子ぶたのマドレーヌ さくら
129	130	Petite Madeleine	プチマドレーヌ
129	131	Pain de Gênes	パン ド ジェーヌ
132	134	Gâteau Basque	ガトー・バスク
133	135	Basquaise Ômi framboise	バスケーズ・近江木苺
136	138	Cunput	クンプット
137	139	Cake au Chocolat et Fruit noir	ケークショコラ・フリュイノワール

ドゥミ・セック Demi sec

10店の定番菓子

78	Madeleine	マドレーヌ
79	Financier	フィナンシェ
80	Florentine	フロランタン

66	10店のギフト包材	
150	10店の詰め合わせ	

撮影.......... 海老原俊之、安河内 聡
デザイン.... 葉田いづみ
編集.......... 井上美希、笹木理恵、瀬戸理恵子、佐藤りょうこ

本書を使う前に

・大さじは15cc、小さじは5cc。

・つくりやすい分量とあるのは、取材店の仕込み量を掲載している。

・バターは無塩のものを常温にもどしておく。

・薄力粉やアーモンドパウダーはあらかじめふるう。

・牛乳や生クリームなどの乳製品、および卵は常温にもどしておく。

・洋酒漬け、シロップ漬け、コンポートなどに加工したドライフルーツやフルーツは水分をきってから計量する。

・ナッツは特に記載がない場合は、ローストしたものを使う。

・ヴェルジョワーズはてんさいからつくる粗糖。

・チョコレート(クーベルチュール)は、乳脂肪分を含まないものをブラック、含むものをミルク、カカオマスを含まないものをホワイトと記載。

・材料は一部のもので(　)内に銘柄名を明記している。その場合「　」内に記載のものは銘柄名、その後ろはメーカー名。

・型の大きさは内寸。

・型には必要に応じてあらかじめバターなどを塗っておく。

・オーブンの機種、厨房の環境、材料の状態に応じて焼成時間・温度は適宜調整する。

・オーブンは特に記載がない場合は平窯を使用。

・オーブンは焼成温度に予熱しておく。

・菓子名などの表記は取材店のものに準ずる。

・本書掲載の情報は取材当時のものであり、変更される可能性がある。

・価格は本体価格を掲載している。

・本書は弊社刊行のMOOK「café-sweets vol.172 (2015年10〜11月号)」収録の内容を一部再収録している。

フール・セック

Four sec

ギプフェル／Lilien Berg(リリエンベルグ)　横溝春雄

Gipfel

ウィーン菓子の定番フール・セック。さっくりと軽い歯ざわりは、ナッツのパウダーが入ることと、液体類を使わない配合によるもの。ナッツはアーモンドとヘーゼルナッツを5：1の割合で合わせ、やさしい印象でありながら深い味わいを表現している。

○ 材料(100枚分)

ヘーゼルナッツ*1…30g
純粉糖…116g + 適量
塩(「雪塩」パラダイスプラン)*2…0.75g
アーモンドパウダー(皮付き)…150g
バニラシュガー*3…適量
発酵バター…150g
バター…150g
薄力粉(「スーパーバイオレット」日清製粉)…300g

＊1：使う当日にオーブンで軽くローストし、黒くなったものはあらかじめ取り除いてから計量する。
＊2：沖縄県宮古島産のパウダー状の海塩。
＊3：カスタードクリームをつくる際に使ったバニラビーンズ(ブルボン種)を使用。水洗いして乾かしたもの10gとグラニュー糖100gを合わせて粉砕したもの。

1

ヘーゼルナッツと純粉糖(116g)を合わせ、フードプロセッサーにかけて粉末状にする。

2

塩(写真)にアーモンドパウダーとバニラシュガーを加え、混ぜ合わせる。

3

ボウルに発酵バターとバターを入れ、1を加えてゴムベラで軽く混ぜる。

4

2を加え混ぜる。

5

4に薄力粉を加え混ぜる。写真は混ぜ終わり。

6

生地をひとまとめにしてラップフィルムで包み、麺棒でのばして平らにし、冷蔵庫に一晩おく。

7

ミキサーボウルに6を入れ、ビーターの低速で軽く混ぜてほぐす。扱いやすいやわらかさになったら170gずつに5等分する。

8

それぞれ長さ約40cmの棒状にのばし、端を切り落として幅2cmに切り分ける。

9

8を両手ではさみ、手をすり合わせ、長さ6.5cmの両端がやや細い棒状に伸ばす。

10

三日月形にととのえながら天板に並べる。

11

霧吹きで水(分量外)をしっかりと吹き付け、170℃のオーブンで約24分焼く。写真は焼き上がり。冷めてから茶漉しで純粉糖(適量)をふる。

POINT

ヘーゼルナッツは酸敗しやすいため、パウダー製品は使わない。酸敗したものは生の状態では区別がつかないが、乾燥させる程度にローストすると黒く色づくので、それらを取り除いてから挽いて使う。

POINT

使用する塩は少量だが、水分が入らない生地なので、溶けにくくムラができやすい。そこで粉末状の「雪塩」を使っている。この製品を使う前は、すり鉢で粉末状にした塩を使っていた。

コルネ／Maison de Petit four（メゾン・ド・プティ・フール）　西野之朗

Corné

フランス語で「角笛」を意味する伝統菓子。直径約3cmに焼いたラング・ド・シャ生地を円錐状に丸め、プラリネクリームを詰めている。カカオ分の高いチョコレートを加えたクリームの濃厚さと薄い生地の軽やかさとのコントラストが魅力。

○ 材料（約700個分）

バター（ポマード状）…375g
純粉糖（ふるう）…410g
タン・プール・タン*1…240g
冷凍卵白*2…500g
薄力粉（「アンシャンテ」日本製粉）…375g
プラリネクリーム*3…適量
アーモンドスライス*4…適量

*1：皮なしアーモンドパウダーと純粉糖を同割で合わせて混ぜたもの。ふるっておく。
*2：常温にもどしておく。
*3：スイートチョコレート（「カライブ」ヴァローナ／カカオ分66%・80g）をテンパリングし、常温のプラリネ（市販品・1kg）に加え混ぜる。
*4：180℃のオーブンで約20分ローストし、手で細かくくだく。

1
ボウルにバターを入れて泡立て器で混ぜ、ふるった純粉糖を一度に加え、空気が入らないようにすり混ぜる。

2
タン・プール・タンを加え混ぜる。

3
冷凍卵白を3回にわけて加え混ぜる。

4
ふるった薄力粉を加え、空気を含ませないように手早く混ぜる。

5
丸口金（口径8mm）を付けた絞り袋に4を詰め、サラダ油（分量外）を塗った天板に2.7〜3gずつ絞る。

6
5の生地が直径3cmほどの円形になるように、天板を作業台にたたきつける。

7

180℃のオーブンで約15分焼成する。

8

熱いうちにパレットナイフで天板からはずし、口径28mmのコルネ型に底面を内側にして入れて円錐形にする。

9

合わせ目を指先で軽く押さえながら型をはずす。常温において冷ます。

10

丸口金(口径7mm)を付けた絞り袋にプラリネクリームを詰め、9に絞り入れる。

11

プラリネクリームに、くだいたアーモンドスライスをつける。

POINT

生地をつくる際は、材料を泡立て器ですり混ぜるようにして、極力空気を含ませないこと。気泡が多いと焼成時に生地が浮き上がり、美しく平らに仕上がらない。ほかの材料となじみやすい純粉糖を使えば、混ぜる回数が減り、空気が入りにくい。

POINT

生地は冷めるとかたくなってしまうので、焼成後すぐ、生地が熱々のうちに成形する。メゾン・ド・プティ・フールでは2人がかりで一気に作業を行う。

パレオール／La Vieille France（ラ・ヴィエイユ・フランス）　木村成克

Palet Or

シナモン、クルミ、アーモンドを巻き込んだパイ菓子。パート・フイユテの一番生地に二番生地を重ねて巻き、表面をカラメリゼすることで歯ざわりよく仕上げている。木村さんにとっては子どもの頃に「せんべい」と呼び、パティシエだった父親にせがんでは食べたという思い出深い菓子のひとつ。

○ 材料(約60枚分)

【パート・フイユテ】
A
　強力粉(「特赤南天」日東富士製粉)…344g
　薄力粉(「オルガン」日東富士製粉)…125g
　冷水*1…200g
　酢*2…1.9g
　塩*3…1.9g
発酵バターA(溶かしておく)…94g
発酵バターB(折り込み用)*4…225g
パート・フイユテの二番生地*5…250g
シナモンシュガー*6…88g
クルミ*7…40g
アーモンド(皮付き、ホール、スペイン産マルコナ種)*8…30g
グラニュー糖…適量
純粉糖…適量

*1～3:混ぜ合わせておく。
*4:25cm角の正方形にし、約8℃に冷やしておく。
*5:他の菓子などにつかった生地の余りをまとめたもの。
*6:グラニュー糖とシナモンパウダーを10:1の割合で合わせたもの。シナモンパウダーは「セイロン産シナモンパウダー」(ル・ジャルダン・デ・エピス)を使用。
*7:軽くローストし、約5mm角にきざむ。
*8:約5mm角にきざみ、*7のアーモンドと合わせておく。

パート・フイユテ

1 ミキサーボウルにAを入れ、低速のビーターで混ぜる。発酵バターAを加え混ぜ、ほろほろとした状態になったら台に移してひとまとめにする。十字の切り込みを入れ、ビニール袋に入れて冷蔵庫に一晩おく。

2 切り込みから手を入れて生地を広げ、正方形に形をととのえる。

3 正方形にととのえたところ。

4 シーターでのばし、約40cm角の正方形にする。発酵バターBを45度ずらして重ね、生地の四隅を中央に向かって折る。

5 合わせ目を指で押さえてとじる。

6 裏返し、麺棒でたたいて生地とバターを密着させる。

7

シーターで厚さ約8.5mmの長方形にのばす。

8

横長に置き、左右からたたんで三つ折りにする。

9

折り目が手前と奥にくるように生地を置く。

10

7～8と同様にのばして三つ折りする。ビニール袋に入れ、冷蔵庫に一晩おく。

11

7～9の工程をさらに4回繰り返す(三つ折り6回)。

仕上げ

1

折り目が手前と奥にくるように生地を置いて縦に半分に切り、生地の向きはそのままでシーターにかけ長方形にのばす。

2

横長に置き、同じくらいの厚さ・大きさにのばした二番生地を重ね、左右からたたんで三つ折りにする。折り目が手前と奥にくるように生地を置き、シーターで38cm×85cm、厚さ3mmにのばす。横長に置き、麺棒で生地の厚みを均一にととのえる。

3

手前から2/3にシナモンシュガーをふる。

4
シナモンシュガーの上にクルミとアーモンドをちらして麺棒を転がし、しっかりと密着させる。

5
手前から少しずつ、手前に引くようなイメージで生地を密着させながら巻く。写真は巻き始め。

6
巻き途中。

7
2/3まで巻き終えたところ。

8
半分の長さに切り、オーブンシートで包み、冷凍庫にしばらくおく。

9
使う1時間前に冷蔵庫に移して半解凍する。23〜24gに切り分ける。

10
断面を上下にして置き、グラニュー糖を両面にまぶす。麺棒で長径17cm×短径8cm、厚さ2mmの楕円形にのばす。

POINT

パリンとした心地よい食感を出すために、一番生地に二番生地を重ねて折り込んでいる。焼成時に浮き上がりやすいパート・フイユテだが二番生地を加えると生地が落ち着くため、平らで厚みの均一な美しい見た目を表現することもできる。

11
オーブンシートを敷いた天板に並べ、170℃のコンベクションオーブンで約20分焼く。上面に純粉糖をまんべんなくふり、230℃のコンベクションオーブンで約1分焼いてキャラメリゼする。

POINT

両端が細いとそこだけが焦げてしまうので、太めの楕円形にのばすこと。まず長方形にするイメージでのばしてから、ゆるやかな曲線の楕円形にととのえる。

12
すぐにオーブンから取り出し、オーブンシートごと網にのせて冷ます。

POINT

粉糖をふった後は焦げやすいので、最後の1分の焼成中はオーブンから目を離さない。

サブレ・シトロン／
Éclat des jours pâtisserie（エクラデジュール パティスリー）　中山洋平

Sablé au Citron

カリッと香ばしく焼き上げたサブレ生地でレモンの香りはじけるグラス・ア・ローをはさんだサブレ・シトロン。グラス・ア・ローにはレモン果汁とレモンの皮を贅沢にたっぷりと使い、レモンを鮮烈に感じる味わいに。また、かための配合にしてパリンとした食感を出している。

○ 材料

【サブレ生地】（200枚分）
バター…450g
バニラビーンズ…1本半
レモンの皮（すりおろし）…3個分
粉糖…375g
全卵…180g
レモン果汁…90g
A*
　準強力粉（「ラ・トラディション・フランセーズ」
　　ミノトリー・ヴィロン）…862g
　ベーキングパウダー…9g

【グラス・ア・ロー】（つくりやすい分量）
粉糖…1350g
レモン果汁…150g
レモンの皮（すりおろし）…4個分
水…50g

*：合わせてふるっておく。

サブレ生地

1
ミキサーボウルにバター、さやからしごき出したバニラビーンズ、レモンの皮を入れる。

2
バターがほぐれてダマのない状態になるまで、低速のビーターで攪拌する。

3
粉糖を加え、ダマのない状態になるまで低速で混ぜる。

4
溶いた全卵を半量加え、低速で混ぜる。

5
途中でいったんミキサーを止める。ボウルの底にバターのかたまりが残りやすいので、ゴムベラで底から返すようにして混ぜる。

6
ふたたび低速で混ぜ、写真のように混ざったらミキサーを止める。

7
全卵の残りを加えて低速でざっと混ぜ、5と同様にゴムベラで混ぜる。

8
レモン果汁を加えて低速で混ぜる。この段階までは、バターと液体が分離したままでよい。

9
Aを一気に加え、低速で混ぜる。

10
粉気が完全になくなり、生地が均一な状態になったら混ぜ終わり。

11
カードですくい、ビニールを敷いた台に移す。

12
ビニールに包み、シーターに通せる厚みの正方形に形をととのえる。冷蔵庫で一晩やすませる。

13
ビニールから出して半分に切り、シーターで3mmにのばす。のばすときは生地を通すたびに、裏表、手前と奥を返して均一にのばす。

14
ピケローラーをかけ、ブラシで余分な粉を落とす。

15
冷蔵庫に30分ほど入れ、かたくなったら取り出す。直径44mmの丸抜き型で抜く。

16
シルパットを敷いた天板に並べ、150℃のコンベクションオーブンのダンパーを開けた状態で14分焼く。焼成時間は焼き色を見ながら調整する。

グラス・ア・ロー

1 材料をすべて合わせ、泡立て器で練り混ぜる。

2 乾燥しやすいので、でき上がったら表面にぴったりとラップをする。冷蔵で1週間保存可能だが、香りがとびやすいのでなるべく早く使い切る。

仕上げ

1 先端を細く切った絞り袋にグラス・ア・ローを詰め、サブレ生地1枚にグラス・ア・ロー7gを絞る。

2 そのまま1分おいて、グラス・ア・ローの表面を乾かす。乾く前にはさむと、グラス・ア・ローがやわらかすぎてサブレがずれてしまう。

3 サブレ1枚をのせ、グラス・ア・ローが縁までいきわたるように軽く押さえる。

POINT
サブレ生地のバターは液体（卵黄とレモン果汁）を加える前に均一な状態にしておくこと。液体を加えた後は、もうバターの状態を調整することはできなくなる。ダマやかたまりが残っていると、生地にムラができてしまうので気をつける。

POINT
バターに卵とレモン果汁を加えると分離するが、無理に乳化させようとして混ぜすぎると焼き上がりがかたくなってしまう。分離しているが全体が均一に混ざった状態になったら粉類を加えてよい。

POINT
生地をねかせる際にビニールに包み、正方形に形をととのえるのは、翌日、生地を取り出した後に練ったりのばしたりする手間を省くため。翌日は練らないので、ねかせる前に、材料がすべてなじむまでしっかりと混ぜる。ここでしっかりと混ぜておかないと、シーターにかけたときに生地が割れやすい。

POINT
このサブレ生地は液体が多い配合なのでべたつくが、こまめに冷凍庫でかためると作業しやすい。こうした配合の生地は水分をとばしながら焼くと、カリッとした仕上がりになる。また、ベーキングパウダーを使い、薄くのばしているため、縦に膨らむ薄い層がいくつもできてクリスピーに焼き上がる。

POINT
二番生地は次回の仕込みの際にちぎって混ぜ込む。混ぜるタイミングは粉がなじみはじめ、生地が完成する少し前あたり。

ガレット・ラム／W. Boléro（ドゥブルベ・ボレロ）　渡邊雄二

Galette au Rhum

ラム酒とレモンが香るさっくりと軽い食感のサブレ。成形後にラム酒を吹きつけ、粉糖をふってから焼くことで、表面で粉糖が再結晶化し、つややかなテクスチャーが生まれる。

○ 材料（約270個分）

A*1
- 薄力粉（「いざなみ」近畿製粉）…315g
- 準強力粉（「ラ・トラディション・フランセーズ」ミノトリー・ヴィロン）…135g
- アーモンドパウダー（皮付き、シチリア産パルマギルジャンティ種）…450g
- 純粉糖…225g

発酵バター*2…450g
卵黄…71.5g
ゲランドの塩（細粒）…1.25g
バニラシュガー…5g
レモンの皮*3…1/2個分
ラム*4…12.5g

*1：合わせてふるい、冷蔵庫で冷やしておく。
*2：冷やしておく。
*3、4：レモンの皮は細かく削り、ラムと混ぜ合わせる。

1
Aと発酵バターをフードプロセッサーに入れ、細かなそぼろ状になるまで撹拌する。

2
ボウルに卵黄、ゲランドの塩、バニラシュガーを入れ、泡立て器ですり混ぜる。

3
1を別のボウルに移し、中央にレモンの皮とラムを混ぜたものと2を入れる。手でもみ込むようにして混ぜる。ある程度混ざったら作業台に移す。

4
両手で作業台に押しつけるようにして広げたのち、ひとまとめにする。

5
4の工程を数回くりかえす。さっくりとまとめるイメージで行い、練りすぎないこと。

6
バットに移し、ラップフィルムを表面に密着させて覆い、次の工程で作業しやすいよう、適度なかたさになるまで冷蔵庫におく。

7

6を7等分にし、それぞれ手で転がして直径3cm×長さ37cmの棒状にする。両端を切り落とし、横長に並べる。

8

カッターで幅約9mmに切り分ける。

9

ラップフィルムを敷いた天板に8を断面を上下にして並べ、表面にラム(分量外)を霧吹きで吹き付ける。

10

表面に粉糖(分量外)を茶漉しでふる。表面がうっすら白くなるまで2〜3回くり返したのち、鉄製の天板に並べる。

11

190〜195℃に予熱したコンベクションオーブンに入れ、すぐに155℃に落として7分焼く。

12

その後、天板の手前と奥を入れ替え、約5分焼く。上・底面の焼き色が写真のようになると理想的。

POINT

ラムと粉糖をかけてから焼くことで、表面が白くコーティングされ、グラス・ア・ローのようなつややかな焼き上がりになる。粉糖は少なすぎず、多すぎず、表面がうっすら白くなる程度が目安。

POINT

「デッキオーブンよりもコンベクションオーブンのほうが、さっくりと焼き上がる」と渡邊さん。鉄製の天板はオーブン内の熱を吸収し、生地の底から熱を伝える、いわば"下火"のような役割を担うそう。天板が熱を吸収するため、高い温度に予熱しておくこと。

ガレット・ポワブル／Pâtisserie Rechercher（パティスリー ルシェルシェ）　村田義武

Galette au Poivre

「山椒のような爽快感があり、しかし味わいはマイルド」と村田さんが惚れ込むマダガスカル産の黒コショウをきかせ、クルミを練り込んだガレット・ブルトンヌ。砂糖に加えてバニラシュガーを使い、甘みに奥行きを出している。

材料（30個〜40個分）

【生地】
バター*1…250g
塩…1.5g
バニラシュガー*2…4g
グラニュー糖…150g
卵黄…2個分
黒コショウ（マダガスカル産）…3g
A*3
　薄力粉（「スーパーバイオレット」日清製粉）
　　…200g
　準強力粉（「テロワール・ピュール」日清製粉）
　　…50g
　ベーキングパウダー…2.5g
クルミ*4…75g

【仕上げ】
溶き卵…適量
クルミ…30〜40粒
黒コショウ（マダガスカル産）…30〜40粒

*1：常温に5〜10分おき、指で押すと5mmほど指が沈む程度にやわらかくしておき、適宜切る。
*2：使用済みのバニラビーンズを100℃のコンベクションオーブンで5分乾燥させ、さやごとミルミキサーで粉砕する。ふるいで漉し、グラニュー糖5に対して1の割合で混ぜ合わせる。
*3：合わせてふるっておく。
*4：手で1/4程度に割る。

生地

1
ミキサーボウルにバター、塩、バニラシュガーを入れ、低速のビーターで混ぜる。途中、高速にしてビーターに付いたバターをふり落とし、再び低速にする。

2
全体が均一な状態になったら、グラニュー糖を2回にわけて加え、そのつど低速で混ぜる。続いて卵黄も2回にわけて加え、そのつど低速で混ぜる。

3
黒コショウはミルミキサーでパウダー状に粉砕して2に加え、全体に行きわたるまで低速で軽く混ぜる。

4
3にAを2回に分けて加え、そのつど低速で粉気がなくなるまで混ぜる。Aを加えるたびに、ビーターに付いている生地をゴムベラで落とす。

5
4にクルミを加え、ゴムベラでざっくりと混ぜ合わせる。

6
生地をまとめてラップフィルムに包み、四角くて平らな形に手早くととのえ、一晩冷蔵庫におく。

仕上げ

1
生地をシーターにかけて厚さ8mmにのばす。直径6cmの丸抜き型で抜き、シルパットを敷いた天板の上に並べる。

2
溶き卵を薄く塗って冷蔵庫に入れ、乾いたら再度塗る。2回目は1回目よりも厚めに塗る（写真は2回目を塗っているところ）。

3
竹串のとがっていない方を使って模様をつける。

4
クルミ1粒をのせて軽く押さえ、黒コショウも同様にする。

5
内側にバター（分量外）を塗ったセルクル（直径6.5cm）をはめる。

6
140℃のコンベクションオーブンで1時間焼く。焼き上がったら熱いうちにセルクルをはずす。

POINT

バターを多く配合しているので、あらかじめポマード状にしておくと、焼成中に流れ出し、生地が浮いてしまう。混ぜはじめの段階では、ぐっと押すと指がやや沈む程度のかたさにしておくと、バターが生地の中に閉じ込められたまま焼くことができ、焼き上がりの香りもよくなる。

フール ポッシェ／Blondir（ブロンディール）　藤原和彦

Four Pocher

皮むきアーモンドにグラニュー糖や卵白、アーモンドミルクを加えて挽き、絞って焼き上げたフール・セック。粉が入らないため、アーモンドの風味と食感がダイレクトに感じられる。カリッとしたかための生地を噛むごとに、ナッツのコクと香ばしさが広がり、豊かな余韻を残す。

○ 材料(約50個分)

アーモンド(皮なし、ホール、
　スペイン産バレンシア種)…100g
グラニュー糖…100g
卵白…30g
水アメ*1…15g

アーモンドミルクのピュレ
　(「冷凍アーモンドミルクピューレ」
　ラ・フルティエール)*2…15g
ドレンチェリー(赤)…約25個
アーモンド(皮なし、ホール、
　スペイン産バレンシア種)…約25粒

＊1、2：合わせて軽く温める。

1
アーモンドが浸かる程度の量の湯を沸騰させ、アーモンド(100g)を加える。弱火で約5分間煮て、温めてやわらかくする(なめらかなペーストをつくるため)。網にあけて水気をきる。

2
1とグラニュー糖をフードプロセッサーに入れ、粉々になって均一に混ざるまで粉砕する。

3
卵白の半量を加え、均一に混ざったら、合わせて軽く温めた水アメとアーモンドミルクのピュレを加え、均一なペースト状になるまで混ぜる。

4
残りの卵白を加え、なめらかなペースト状になるまで撹拌する。

POINT
卵白は2回に分けて加え、後で加える卵白の量でかたさを調整する。卵白を加えた後は、撹拌途中にゴムベラでフードプロセッサーの内壁や刃についたものを払い、均一な状態に仕上げる。

5
星口金(12切・12番)をつけた絞り袋に詰め、オーブンシートを敷いた天板に絞り出して上にまっすぐ引き上げるようにして、直径約3cm、高さ約1.5cmの花形に絞る。

6
約半数には半割りにしたドレンチェリーを、残り半数にはホールのアーモンドを中央に軽く押し付けるようにしてのせる。190℃のオーブンで約18分間焼く。

POINT
しっかりと乾燥させるように焼かないとドレンチェリーの水分がとばず、生地がそれを吸ってふやけてしまう。

モナコ／L' automne（ロートンヌ）　神田広達

Monaco

コンセプトは和を取り入れたフロランタン。最中の皮にアーモンドとゴマを入れ、キャラメルを流し込み、オーブンで焼き上げている。最中の皮の薄く軽やかな食感とカリッと香ばしいキャラメルは好相性。小さな子どもからお年寄りまで幅広い層に支持されている。

材料(90個分)

アーモンドスライス*1…450g
最中の皮(直径7cm)…90枚
炒りゴマ*2…適量
A
　グラニュー糖…210g
　ハチミツ…60g
　発酵バター…210g
　生クリーム…110g
　牛乳…20g
　水アメ…50g

*1：160℃で10〜12分ローストしておく。
*2：炒った白ゴマと黒ゴマを同量ずつ合わせておく。

1
アーモンドを手で粗くくだく。

2
最中の皮にアーモンドを入れる。

3
炒りゴマをひとつまみ加える。

4
鍋にAの材料を入れて強めの中火にかけ、写真のようにふつふつと沸いたらすぐにデポジッターに移す。

5
2の最中の皮に4を5gずつ注ぎ入れる。

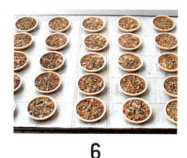

6
上火・下火ともに160℃で約24分焼く。天板にのせたまま冷ます。

POINT
最中の皮に注ぐ液体の量は少なめでよい。入れすぎると焼成中に沸いてあふれてしまう。

ネーミングは、最中と音の近いモナコ公国から。箱詰めでも販売しており、箱のデザインはモナコ・グランプリを連想させるスポーツカー柄で、蓋をとめるシールは旗がモチーフ。車好きな神田さんならではの遊び心満載のパッケージだ。

バレンタインシーズンにはハート型の最中の皮を使っている。

カラメッロ サラート／L'atelier MOTOZO（ラトリエ モトゾー）　藤田統三

Caramello Salato

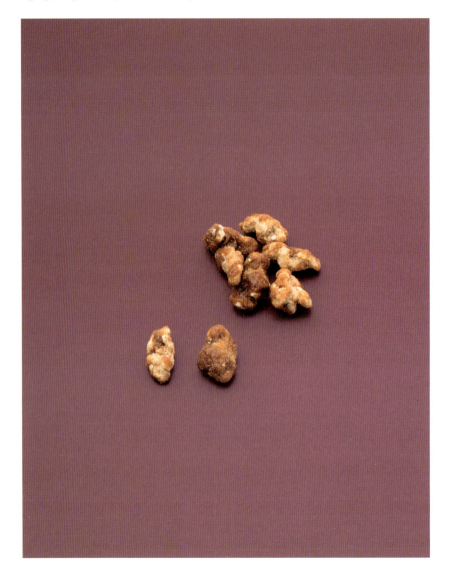

クルミに塩キャラメル味のしゃりしゃりとした糖衣をまとわせたナッツ菓子。本来はしゃりしゃりと結晶化した状態にはならないはずのキャラメルを使いつつ、結晶化した糖衣ならではの食感を出しているのがポイント。商品名は「塩キャラメル」をイタリア語に訳したもの。

○ 材料(つくりやすい分量)

グラニュー糖(キャラメル用)…40g
塩…5g
グラニュー糖(シロップ用)…120g
水…60g
クルミ…360g

1

小鍋にキャラメル用のグラニュー糖を入れ、中火にかける。

2

色が濃くなってきたら鍋をゆすり、キャラメル化が急速に進むのを防ぎながら好みの焦がし具合まで煮詰める。

3

火を止め、塩を加えて混ぜる。

4

底の深いフライパンにシロップ用のグラニュー糖と水を入れてなじませ、強火で沸騰させてグラニュー糖を溶かす。

5

4のフライパンにクルミを加えて中火にし、混ぜながら全体にシロップをまとわせる。

6

シロップがだんだんとアメ状になってくるので、キャラメルにならないようにたえず混ぜ、水分がなくなるまで加熱する。

7
水分がなくなったら火を止め、全体をさらにかき混ぜて結晶化させる。

8
クルミの表面が乾き、シロップが完全に結晶化したら、熱々の状態の3を加える。

9
混ぜながら弱火にかけ、キャラメルをなじませる。全体にまんべんなくキャラメルがからまったら火を止める。ゴムベラでよく混ぜ、キャラメルの表面を結晶化させる。

10
重ならないようにシルパットの上に並べ、125℃のコンベクションオーブンで45分焼く。

11
焼き上がったら、シルパットにのせたまま完全に冷めるまでおく。

POINT
キャラメルは量が少ないので、焦げ出すと一気に色づきが進む。水を加えた方がつくりやすいが、クルミと合わせる際に水分が邪魔になるため、あえて使用しない。

POINT
シロップを煮詰めていくと、だんだんとアメ状になってくるが、火が強いとキャラメル化して粘りが出てしまう。火は必ず弱めて煮る。

POINT
キャラメルをつくる1～3の工程とクルミにシロップをまとわせる4～7の工程は同時進行でおこない、8ではキャラメルが熱々の状態で加える。もしもキャラメルが先にできてしまったら温めなおして加える。キャラメルを加えたら、加熱しながらゆっくりと温度を下げつつ混ぜ合わせる。そうしないとキャラメルがかたまってしまい、うまくクルミにからまない。

カントゥッチ コン リーベス／L'atelier MOTOZO（ラトリエ モトゾー）　藤田統三

Cantucci con Libes

卵とアーモンドパウダーを多めに加えたソフトな食感のカントゥッチ。日本では二度焼きしてつくるザクザクとかたい食感のものがポピュラーだが、イタリアではこのやわらかいタイプも定番だ。クランベリーの酸味とホワイトチョコレートのコクのある甘みが好相性。

○ 材料（約100個分）

ドライクランベリー…200g
レモン果汁…30g
グラニュー糖…100g
塩…1.5g
レモンペースト…20g
全卵…120g
A*
　準強力粉（「リスドォル」日清製粉）…200g
　アーモンドパウダー（皮なし）…100g
　ベーキングパウダー…5g
ホワイトチョコチップ…200g
溶き卵…適量

＊：合わせてふるっておく。

1
ドライクランベリーにレモン果汁を加えて全体になじませる。ラップフィルムを表面に密着させて覆い、常温で一晩おく。

2
ボウルにグラニュー糖、塩、レモンペースト、全卵を入れ、ゴムベラで全体がなじむまで混ぜ合わせる。

3
2のボウルにAを一気に加えて軽く混ぜる。

4
粉が混ざりきらないうちにホワイトチョコチップを加え、混ぜ合わせる。

5
1を加え、しっかりと混ぜ合わせる。

6
カードを使ってボウルの側面についた生地を落とし、ひとまとめにする。

7
打ち粉（強力粉。分量外）をふり、生地を340gずつに3等分する。

8
打ち粉を多めに使い、カードで長さ20cmの棒状にまとめる。

9
手のひらで押さえながら転がして長さ50cmほどの棒状にする。

10
シルパットを敷いた天板に並べ、表面を手のひらで軽くたたいて平らにする。

11
生地の側面を指ではさんでつまみ、台形にととのえる。

12
表面をもう一度手のひらで平らにならし、側面をカードで押さえてなめらかにする。

13
常温で6時間以上（できれば24時間）、表面がかたくなるまでおく。

14
ハケで溶き卵を塗り、180℃のコンベクションオーブンで18〜20分焼く。

15
完全に冷めてから、厚さ8mmになるよう斜めにカットする。

POINT
具材をたっぷりと混ぜ込んでいるので、のばすときに亀裂が入りやすい。打ち粉をたっぷりとふり、生地を手のひらで押さえつけながらのばすとよい。

POINT
台形に成形することで焼成中に生地のてっぺんにひび割れができるのを防ぐ。

POINT
生地をやわらかいまま焼くと割れてしまうため、成形後は常温で6時間以上おいて表面を乾かす。

スペキュロス／Éclat des jours pâtisserie（エクラデジュール パティスリー）　中山洋平

Spéculos

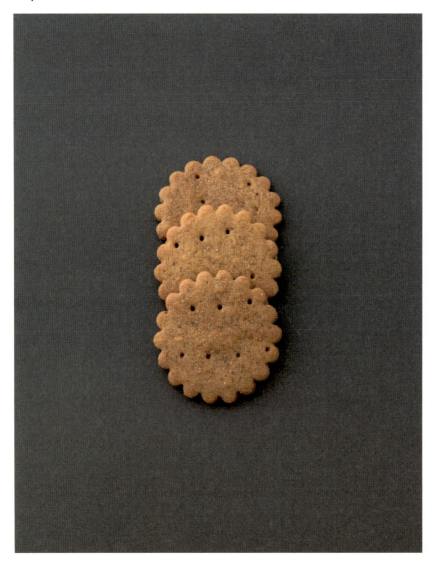

オレンジの爽やかな風味をきかせたスペキュロス。スパイスはシナモンのみを使い、すっきりとした味わいに。ベーキングパウダーを配合することで生地が薄い層状に焼き上がり、カリッとクリスピーな食感が出る。

ヴィエノワ／Pâtisserie Rechercher（パティスリー ルシェルシェ）　村田義武

Viennois

準強力粉にライ麦粉を配合して力強い味わいを出し、卵白のみを使うことで粉の風味を強調。「噛みしめて味わうおいしさをめざした」ヴィエノワ。クリスマスシーズンにいちごチョコレートでコーティングしてみたところ、かわいらしいと評判がよかったため定番に。

Spéculos

スペキュロス／Éclat des jours pâtisserie（エクラデジュール パティスリー）　中山洋平

○ 材料(200枚分)

バター(ポマード状)…200g
カソナード…260g
塩…2g
オレンジの皮(すりおろし)…1個分
牛乳…15g
全卵…50g
A*
　準強力粉(「ラ・トラディション・
　フランセーズ」ミノトリー・
　ヴィロン)…400g
　ベーキングパウダー…6g
　シナモンパウダー…2g

＊：合わせてふるっておく。

POINT

生地を寝かせる際にビニールに包み、正方形に形をととのえるのは、翌日、生地を冷蔵庫から取り出した後に練ったりのばしたりする手間を省くため。翌日はそのままシーターにかけるので、粉を加えた後は材料がすべてなじむまでしっかりと混ぜる。ここでしっかりと混ぜておかないと、シーターにかけたときに生地が割れたりする。

ダンパーを開けて焼成することで、水分が抜けてカリッと乾燥した歯ざわりのよい状態に焼き上がる。

○ つくり方

1
ミキサーボウルにバター、カソナード、塩、オレンジの皮を入れ、低速のビーターで混ぜ合わせる。

2
牛乳と全卵を加えて混ぜる。

3
ひとまとまりになったら、Aを加え混ぜる。

4
ビニールに包み、シーターを通る厚みの正方形にととのえて冷蔵庫に一晩おく。

5
シーターで厚さ3mmにのばし、直径約5cmの菊形の抜き型で抜く。シルパットを敷いた天板に並べ、150℃のコンベクションオーブンのダンパーを開けた状態で14分焼く。

Viennois

ヴィエノワ／Pâtisserie Rechercher（パティスリー ルシェルシェ）　村田義武

○ 材料（30個～40個分）

バター…270g
塩…3g
A
　┃ グラニュー糖…100g
　┃ ヴェルジョワーズ…20g
　┃ バニラシュガー（p.26）…少量
卵白…40g
B *1
　┃ 準強力粉（「テロワール ピュール」
　┃ 　日清製粉）…280g
　┃ ライ麦粉…70g
チョコレート *2…適量

*1：合わせてふるっておく。
*2：イチゴチョコレート（「彩味〈いちご〉」明治）とホワイトチョコレート（「クーベルホワイトIKLP」池伝）を同割で合わせ、湯煎で溶かしておく。

POINT

噛みしめたときに粉の香りや味わいが広がる生地をめざし、フランス産の味わいのある小麦粉「テロワール ピュール」に、ふすまを多く含むライ麦粉をブレンドしている。粉の香りを邪魔しないように、卵黄は不使用。生地をまとめるのに最低限必要な量の卵白のみを使っている。また、力強い粉の風味に負けぬよう、砂糖はベルジョワーズとバニラシュガーを合わせて使い、奥行きのある甘みを出す。

○ つくり方

1
ミキサーボウルにバターを入れ、低速のビーターで撹拌してポマード状にする。

2
1に塩を加えて低速で混ぜ、塩が混ざったらAを加えて低速で混ぜる。なるべく空気を含ませないよう、均一に混ざったらすぐに止める。

3
2に卵白を加えて低速で混ぜる。

4
Bを2回に分けて加え、そのつど粉気がなくなるまで低速で混ぜる。

5
星口金（8切・8番）を付けた絞り袋に詰め、鉄製の天板に絞る。

6
絞ったらすぐ、160℃のコンベクションオーブンに入れて30分焼く。途中、天板の前後を返す。焼き上がったら、天板にのせたまま冷ます。

7
6が完全に冷めたら、溶かしたチョコレートに半分だけ浸してコーティングし、チョコレートがかたまるまで常温におく。

ビスキュイ シャンパーニュ／
Pâtisserie Rechercher（パティスリー ルシェルシェ） 村田義武

Biscuit Champagne

シャンパーニュ地方の伝統菓子。軽やかさや口溶けのよさを求めてコンスターチを配合することも多いが、あえて薄力粉のみで。粉の配合を多めにしてザクザクとした食感を出し、「噛みしめて味わう」仕上がりを狙っている。

ディアマンテ アル カッフェ（コーヒーのディアマン）／
L'atelier MOTOZO（ラトリエ モトゾー）　藤田統三

Diamante al Caffè

ナポリの代表的なコーヒーブランド「キンボ」の豆を使った、香り高いカフェ風味のディアマン。生地には片栗粉を配合。イタリアではクッキーに片栗粉を加えることが多い。片栗粉はコーンスターチよりも膨張率が高く、独特の軽さが生まれる。

Biscuit Champagne

ビスキュイ シャンパーニュ／
Pâtisserie Rechercher（パティスリー ルシェルシェ）　村田義武

○ 材料(90本分)

【生地】
全卵…3個
グラニュー糖…180g＋適量
コニャック…10g
赤色粉…少量
薄力粉(「スーパーバイオレット」
　日清製粉)…210g

POINT

赤色粉を加えた後、生地がリボン状になるまでの間に空気を含ませすぎると、色素が酸化して色がとんでしまう。また、生地に粉を加える際は、気泡をつぶしすぎると生地がだれる。ツヤが出たらすぐに混ぜるのをやめること。

○ つくり方

1
ミキサーボウルに全卵を入れて溶きほぐし、グラニュー糖(180g)を加えてボウルを直火にかけ、泡立て器で混ぜながら温める。40℃〜45℃になったら火からおろす。

2
卓上ミキサーにセットして高速のホイッパーで5分、中高速にして5分、低速にして5分撹拌し、きめをととのえる。

3
2をそのまま撹拌しながら、少量ずつコニャックを加える。

4
赤色粉を加え混ぜる。生地がリボン状になったらミキサーからはずす。

5
ふるった薄力粉を加えてゴムベラでさっくりと切り混ぜる。生地中の気泡をつぶす感覚でさらに混ぜ、ツヤがでたら止める。丸口金(口径9mm)をつけた絞り袋に詰める。

6
シルパットを敷いた天板に長さ8cmに絞り出し、表面にまんべんなくグラニュー糖(適量)をふる。常温に一晩おいて乾燥させる。

7
140℃のコンベクションオーブンで15分焼く。

Diamante al Caffè

ディアマンテ アル カッフェ（コーヒーのディアマン）／
L'atelier MOTOZO（ラトリエ モトゾー） 藤田統三

○ 材料（約300個分）

バター…1kg
粉糖…400g
塩…2g
エスプレッソパウダー*1…20g
シナモンパウダー…2g
卵黄…125g
A*2
　準強力粉（「リスドォル」日清製粉）
　　…1108g
　片栗粉…125g
卵白…適量
エスプレッソパウダー*3…適量
グラニュー糖*4…適量

＊1、3：イタリア・キンボ社のエスプレッソ用のコーヒー豆をミルで細かく挽いたもの。
＊2：合わせてふるっておく。
＊3、4：エスプレッソパウダーとグラニュー糖は同割で合わせておく。

POINT

バターと砂糖がしっかりとなじんでいることを見きわめてから、エスプレッソパウダーとシナモンパウダーを加える。最初から加えると、生地に色がついてしまい、状態がわかりにくい。

○ つくり方

1
ミキサーボウルに、やわらかくもどしたバター、粉糖、塩を入れ、低速のビーターで混ぜる。

2
材料が混ざったら高速にする。全体が白っぽくなったら中速にし、エスプレッソパウダーとシナモンパウダーを加えてさらに混ぜる。

3
卵黄を加え、中速のまましっかりと混ぜる。

4
Aを加えて低速で混ぜる。

5
生地を台に移し、ひとまとめにする。直径3〜4mmの棒状にのばし、冷凍する。

6
完全に凍ったら側面に卵白をハケで薄く塗り、エスプレッソパウダーとグラニュー糖を合わせたものをまぶす。

7
1cm幅に切って天板に並べ、170℃のコンベクションオーブンで20分焼く。

ココバトン／Lilien Berg（リリエンベルグ）　横溝春雄

Coco Bâton

棒状に焼いたココナッツ味のメレンゲ18本とイチゴ味2本をボックスに詰めて販売。「甘酸っぱく味の主張の強いイチゴ味は、アクセント程度に入れるのがちょうどよい」（横溝さん）とこの割合に。どちらもスキムミルクを加えて、練乳を思わせる懐かしいような甘さを出している。

ローザ／L'atelier MOTOZO（ラトリエ モトゾー）　藤田統三

Rosa

好きか興味がないかに分かれがちなメレンゲ菓子を、バラに見立てたかわいらしい形にして、多くの人に手に取ってもらえる仕立てに。「ピンク色は薄すぎると印象が弱く、濃すぎると安っぽく見えてしまう」（藤田さん）ことから、上品な色合いにもこだわった。

Coco Bâton

ココバトン／Lilien Berg（リリエンベルグ）　横溝春雄

◯ 材料

【ココナッツ味(60〜70本分)】
卵白…200g
乾燥卵白…10g
グラニュー糖A…33g
トレハロース…33g
グラニュー糖B…165g
A
　ココナッツミルクパウダー…50g
　ココナッツファイン…50g
　スキムミルク…22g
　バニラエキストラクト…適量

【イチゴ味(100本分)】
卵白…300g
乾燥卵白…15g
グラニュー糖A…49.5g
トレハロース…49.5g
グラニュー糖B…240g
B
　イチゴパウダー…15g
　フランボワーズパウダー…9g
　レモン果汁…5g
　ダックワーズパウダー*…60g
　スキムミルク…33g
イチゴフレーク(フリーズドライ)…8g

＊：ダックワーズ(解説省略)の生地を100℃のオーブンに一晩入れて乾かし、フードプロセッサーで粉末状にしたもの。

◯ つくり方

1
ボウルに卵白を入れる。乾燥卵白、グラニュー糖A、トレハロースを合わせてふるい入れ、卵白を泡立てる。

2
グラニュー糖Bを少しずつ加えながらさらに泡立て、しっかりとツノの立ったかたいメレンゲをつくる。

3
ココナッツ味はAを、イチゴ味はBを加えて軽く混ぜる。

4
星口金(18切・口径18mm)をつけた絞り袋に3を詰め、天板に長さ約10cmほどに絞り出す。ココナッツ味はココナッツファイン(分量外・適量)を、イチゴ味はイチゴフレークをふる。

5
30分ほど常温でやすませ、ココナッツ味は120℃のコンベクションオーブンで1時間、イチゴ味は80℃で3時間焼く。

円筒形のオリジナルボックスに2本ずつ袋詰めしたものをイチゴ味1袋、ココナッツ味9袋入れ、ラッピングして販売(1650円)。実は、包材ありきで開発した商品。使いたい包装紙があり、紙にあわせて形を決めてボックスをつくったが、ボックスの原価が高いので、中に入れる商品は原価が低く、このボックスの形を生かせる形状の菓子詰め合わせを、と考えた。

Rosa

ローザ／L'atelier MOTOZO（ラトリエ モトゾー）　藤田統三

○ 材料（約300個分）

卵白…120g
グラニュー糖…50g
トレハロース…50g
A*
　グラニュー糖…20g
　トレハロース…40g
　ラズベリーパウダー…15g
　コーンスターチ…15g
　赤色粉…適量
バラのピュレ（「バラの花びらペースト」山眞産業）…15g
バラのエキス（「ローズ アロマ」ル・ジャルダン・デ・エピス）…適量
レモン果汁…適量

＊：混ぜ合わせておく。

POINT

レモン果汁を加える理由は2つ。ひとつは、メレンゲを引き締めるため。もうひとつは、酸性のレモン果汁を加えることでメレンゲのpHを中性に寄せ、ピンクの色をきれいに出すため。

ラズベリーパウダーや色粉がかたまって色ムラができないように、Aの材料は混ぜ合わせてからメレンゲに加える。

○ つくり方

1
ミキサーボウルに卵白、グラニュー糖、トレハロースを入れ、高速のホイッパーでツノが立つまでしっかりと泡立てる。

2
Aを加えて低速にし、粉気がなくなってツヤが出るまでしっかりと混ぜ合わせる。

3
バラのピュレとエキスを加えて低速で混ぜ、最後にレモン果汁を加えてさらに低速で混ぜ合わせる。

4
星口金（6切・4番）をつけた絞り袋に詰め、バラに見立てて2周絞る。

5
95℃のコンベクションオーブンで90分焼く。

クロッカント ガスコーニュ／Blondir（ブロンディール）　藤原和彦

Croquant Gascogne

伝統菓子のクロッカントはその名の通り、カリカリした食感が持ち味。ガスコーニュ地方のものは焼き色をあまりつけず、白っぽく焼き上げる。歯を立てると割れるように崩れ、粗くきざんだナッツと砂糖たっぷりのメレンゲから、香ばしさと甘みが心地よく広がる。

キャラメル マカダミアン／Ryoura（リョウラ）　菅又亮輔

Caramel Macadamian

卵白と砂糖でつくる伝統的なメレンゲ菓子をアレンジ。泡立てずに混ぜただけで焼くことで、独特のねちっとした食感に仕上げる。キャラメルの苦み、マカダミアナッツのコク、フルール・ド・セルの塩気が絶妙のコンビネーション。

Croquant Gascogne

クロッカント ガスコーニュ／Blondir（ブロンディール）　藤原和彦

○ 材料（20個分）

アーモンド（皮付き、ホール、
　シチリア産）…100g
ヘーゼルナッツ（皮付き、ホール、
　シチリア産）…50g
ピスタチオ（皮付き、ホール、
　シチリア産）…25g
卵白…50g
グラニュー糖…250g
中力粉（「シャントゥール」
　日東富士製粉）…75g
バニラシュガー＊…3g

＊：乾燥させたタヒチ産バニラビーンズのさやとグラニュー糖をおよそ1：9の割合で合わせ、ミルミキサーで粉砕したもの。

○ つくり方

1
アーモンドとヘーゼルナッツを天板に広げ、190℃のオーブンで約15分ローストする。室温で冷まし、ピスタチオとともに粗くみじん切りにする。

2
ミキサーボウルに卵白を入れ、高速のホイッパーで撹拌する。気泡を含んである程度立ち上がってきたら、グラニュー糖を少しずつ加えながらしっかり泡立てる。

3
ミキサーから下ろし、合わせてふるった中力粉とバニラシュガーを加え、ゴムベラで粉が見えなくなるまで混ぜ合わせる。

4
1を加え、まんべんなく混ぜ合わせる。

5
オーブンシートを敷いた天板に、4を25gずつ取って並べる。手のひらで上から押し、薄く平らにつぶす。

6
160℃のオーブンで約40分間焼く。オーブンシートごと網にのせ、室温で冷ます。

Caramel Macadamian

キャラメル マカダミアン／Ryoura（リョウラ） 菅又亮輔

○ 材料（約500個分）

マカダミアナッツ（ホール）…1kg
卵白…275g
粉糖…1kg
キャラメル*…35g
フルール・ド・セル…3.5g

＊：グラニュー糖（175g）と水（80g）を鍋に入れて熱し、好みの加減まで煮詰める。

POINT

キャラメルの煮詰め具合によって、仕上がりの味も変わる。菅又さんは、ほどよく焦がして黄金色になるまで煮詰め、ビターな風味にしている。

○ つくり方

1
マカダミアナッツは155℃のコンベクションオーブンで15〜20分ローストする。

2
ボウルに卵白、粉糖、キャラメル、フルール・ド・セルを入れ、弱火の直火または湯煎で60℃まで加熱する。

3
2に1のマカダミアナッツを加えてフード・プロセッサーにかける。マカダミアナッツが粗くくだけたら天板に移して平らにのばし、冷めたら2cm角に切る。

4
155℃のコンベクションオーブンで12分焼く。

マカロン・ダミアン／Maison de Petit four（メゾン・ド・プティ・フール）　西野之朗

Macaron d′Amiens

フランス北部・アミアンの伝統菓子。アーモンドの濃厚な香りをオレンジが引き立てる。ねっちりとした食感を出そうとすると、生地がやわらかくなり、べたついて成形が難しくなるが、作業ができるぎりぎりの配合を追求。独特の食感を最大限に表現している。

マカロン ナンシー／Blondir(ブロンディール)　藤原和彦

Macaron Nancy

修道女たちによってつくられた、ロレーヌ地方・ナンシーの銘菓。さっくりした生地から、やや苦みの効いたビターアーモンドの香りが一気に押し寄せ、力強くも滋味深い味わいが後を引く。表面を湿らせてから焼くことで生まれる、ひび割れた素朴な表情も魅力的。

Macaron d'Amiens

マカロン・ダミアン／Maison de Petit four（メゾン・ド・プティ・フール）　西野之朗

○ 材料（80個分）

アーモンドパウダー（皮なし、
　スペイン産バレンシア種）…625g
粉糖…500g
オレンジの皮（すりおろし）…20g
バニラビーンズペースト…5g
ハチミツ…75g
卵黄…50g
アンズのコンフィチュール…75g
卵白…100g

○ つくり方

1
ミキサーボウルに材料をすべて入れて低速のビーターで混ぜる。

2
材料が混ざったらひとまとめにし、ビニール袋に入れて冷蔵庫に一晩おく。

3
厚さ2.5cmにのばし、直径3.2cmの丸抜き型で抜く。

4
表面に水でのばした卵黄（分量外）をハケで薄く塗り、230℃のコンベクションオーブンで10分焼く。

POINT

焼きすぎると、ねっちりとした独特の食感がでなくなってしまう。火は通っているもののねっちり感は残る状態に焼き上げる。

Macaron Nancy

マカロン ナンシー／Blondir（ブロンディール）　藤原和彦

〇 材料（35個分）

パート・ダマンド・クリュ
　（「ローマジパンMONA」
　コンディマ）…250g
グラニュー糖…60g
卵白…60g
粉糖…60g＋適量

〇 つくり方

1
ミキサーボウルにパート・ダマンド・クリュを入れる。グラニュー糖を加え、中速のビーターで均一なペースト状になるまで撹拌する

2
1に卵白を少しずつ加え、そのつど、なめらかで均一な状態になるまで撹拌する。

3
粉糖（60g）を加え、粉気がなくなるまで撹拌する。

4
丸口金（口径18mm）をつけた絞り袋に3を詰め、オーブンペーパーを敷いた天板に直径約5cmの円形に絞る。

5
濡らしたタオルを4の表面に2〜3回軽く押し当てて湿らせる。

6
粉糖（適量）をふり、160℃のオーブンで20〜25分間焼く。

7
オーブンペーパーごと網にのせ、室温で冷ます。

バトン・アンショワ／La Vieille France（ラ・ヴィエイユ・フランス）　木村成克

Bâton aux Anchois

パート・フイユテでアンチョビをはさみ、エダムチーズのすりおろしをふってこんがりと焼き上げている。開店当時から並べている塩味のフール・セックの中でも一番の人気商品。ビールにもワインにもよくあい、甘いものが苦手なお客にも訴求する一品だ。

エダム／Pâtisserie Rechercher（パティスリー ルシェルシェ） 村田義武

Edam

パート・ブリゼの配合をアレンジしてサブレに。液体類を加えずにチーズの水分のみで生地をまとめ、薄力粉と強力粉を同量ずつ使うことでザクザクした歯ざわりを出している。噛みしめるたびにチーズの濃厚な旨みと香りが広がる。

Bâton aux Anchois

バトン・アンショワ／La Vieille France（ラ・ヴィエイユ・フランス）　木村成克

〇 材料

パート・フイユテ(p.15)…適量
アンチョビ…適量
エダムチーズ（すりおろし）…適量
溶き卵…適量

POINT

アンチョビは隙間ができないように並べて、どこを切っても断面からアンチョビが見えるようにする。

生地を冷凍するのは切りやすくして、美しい形に仕上げるため。あまり長いこと冷凍庫におくと、かたくなりすぎて切りづらいので注意する。

〇 つくり方

1
パート・フイユテをシーターで厚さ1mmにのばし、幅7cmの帯状にしたものを2枚用意する。アンチョビはキッチンペーパーで軽くはさんで油をとっておく。

2
1のパート・フイユテ1枚の片面に溶き卵を塗り、1のアンチョビを横長に2列並べる。

3
もう1枚のパート・フイユテを2に重ねてアンチョビをはさみ、軽く押さえて生地どうしを密着させる。

4
表面に溶き卵を塗り、エダムチーズをふる。

5
冷凍庫に入れて生地を冷やしかためてから1.5cm幅に切り分け、160℃のコンベクションオーブンで40分焼く。網の上で冷ます。

Edam

エダム／Pâtisserie Rechercher（パティスリー ルシェルシェ）　村田義武

○ 材料（約35個分）

A
- バター*1…100g
- エダムチーズ（すりおろし）…120g
- グリュイエールチーズ（すりおろし）…20g
- ゲランドの塩（細粒）…0.2g
- 黒コショウ*2…1g
- パプリカパウダー…1.2g
- 強力粉（「ミリオン」日清製粉）*3…60g
- 薄力粉（「スーパーバイオレット」日清製粉）*4…60g

溶き卵…適量
アーモンド（皮付き、ホール）…適量

*1：冷蔵庫から出したばかりのかたい状態のものを適宜切っておく。
*2：ミルミキサーでパウダー状に粉砕しておく。
*3、4：強力粉と薄力粉は合わせてふるっておく。

○ つくり方

1
ミキサーボウルにAを入れ、低速のビーターで混ぜ、さらさらとした砂状にする（サブラージュ）。

2
1にまとまりがでてきたら、取り出してひとまとめにし、ラップフィルムに包んで一晩冷蔵する。

3
シーターで厚さ5mmにのばし、直径3.5cmの菊形の抜き型で抜いて溶き卵を塗り、アーモンドを一粒ずつのせる。

4
200℃のコンベクションオーブンで10分焼く。

サブレ・マング・フランボワーズ／
Maison de Petit four（メゾン・ド・プティ・フール）　西野之朗

Sablé à la Mangue et Framboise

マンゴーパウダー、フランボワーズパウダーをそれぞれ練り込んだ生地をねじり合わせて焼き上げたサブレ。黄色とピンクのコントラストがかわいらしく、茶色い商品が多くなりがちな焼き菓子の棚に華を添える。

あ！きなっ娘／
L'automne（ロートンヌ）　神田広達

Sablé au Kinako

きな粉をたっぷりと加えてほろほろと軽やかな食感に仕立てたサブレ。きな粉と同じく大豆からつくられたカリカリのパフを混ぜ込んでいる。めざしたのは「たまごボーロを思わせるような、きめ細やかで懐かしい食感」。きな粉好きにはたまらない、素朴ながら後ひく味わいだ。

フィアンティーヌ／
Ryoura（リョウラ）　菅又亮輔

Feuillantine

やわらかくしたバターに砂糖や卵を加えてつくるホロホロとした食感のサブレ生地に、サクサクと歯ざわりよく焼き上げたフィアンティーヌを混ぜて食感の面白みを出している。カソナードのコクのある甘みが味わいに深みを生む。

Sablé à la Mangue et Framboise

サブレ・マング・フランボワーズ／
Maison de Petit four（メゾン・ド・プティ・フール）　西野之朗

◯ 材料（約170枚分）

【マンゴー生地】
バター…281g
A
　薄力粉（「アンシャンテ」
　　日本製粉）…356g
　純粉糖…37g
　マンゴーパウダー…28g
　タン・プール・タン*…168g
牛乳…28g

【フランボワーズ生地】
バター…281g
B
　薄力粉（「アンシャンテ」
　　日本製粉）…356g
　純粉糖…37g
　フランボワーズパウダー…28g
　タン・プール・タン*…168g
牛乳…28g

【仕上げ】
グラニュー糖…適量

*：皮なしアーモンドパウダーと純粉糖を同割で合わせたもの。

◯ つくり方

【マンゴー生地】

1
バターは室温に少しの間おいて芯のない状態にする。

2
ミキサーボウルに1とAを入れ、低速のビーターで混ぜてすり合わせる。

3
ある程度混ざったら、ビーターを止め、両手ですり合わせて砂状にする（サブラージュ）。

4
牛乳を加え、低速のビーターで混ぜる。

5
ひとまとめにして150gに切り分け、棒状にのばす。

【フランボワーズ生地】
マンゴー生地と同様に材料を混ぜ、切り分けてマンゴー生地と同じ長さの棒状にのばす。

> **POINT**
> バターはポマード状までやわらかくすると生地がだれてしまい、サブレらしいサクサクとした歯ざわりがでなくなる。かといって芯が冷たくてかたいとバターと粉類が混ざりあうのに時間がかかり、均一な砂状にならない。やわらかすぎず、かたいところがない状態になるよう調整することが大切。また、バターと粉類をすり合わせて砂状にする作業（サブラージュ）の仕上げは手でおこない、均一な状態になっているかを確かめる。

【仕上げ】

1
マンゴー生地とフランボワーズ生地をねじり合わせ、直径3cm×長さ約60cmにのばす。

2
水で塗らしてかたく絞ったタオルの上で1の生地を転がして表面を湿らせる。次に、台の上にグラニュー糖を広げ、その上で転がしてまわりにグラニュー糖をまぶす。

3
1.5cm幅に切り分け、オーブンペーパーを敷いた天板に並べる。170℃のコンベクションオーブンで30分焼く。

> **POINT**
> マンゴーの黄色、フランボワーズのピンクの色のコントラストをきれいに出したいので、焼き色をつけずに芯まで火を入れるように焼成する。

Sablé au Kinako

あ！きなっ娘／L'automne（ロートンヌ）　神田広達

○ 材料（90個分）

バター…330g
ショートニング…60g
グラニュー糖…192g
A*1
　薄力粉…300g
　きな粉…210g
　アーモンドパウダー（皮なし）…90g
コンデンスミルク…30g
ソヤパフ（不二製油）*2…90g

*1：合わせてふるっておく。
*2：大豆を米粒大のパフ状に加工したもの。

○ つくり方

1
ミキサーボウルにバター、ショートニング、グラニュー糖を入れ、中速のビーターで混ぜ合わせる。

2
グラニュー糖がしっかりと混ざったら低速にする。Aを加え混ぜる。

3
均一に混ざったらコンデンスミルクとソヤパフを加えて低速で混ぜる。

4
ひとまとめにし、ビニール袋に入れて冷蔵庫で一晩やすませる。

5
直径4cmの棒状にのばし、切りやすくなるよう2時間冷凍する。

6
7mm幅に切り、160℃で約20分焼く。

POINT

バターに加えてショートニングを使い、大豆でできたパフを混ぜ込むことで、より軽やかな食感を追求している。また、コンデンスミルクを加えることで、ほっとするようなどこか懐かしい甘みが出る。

Feuillantine

フィアンティーヌ／Ryoura（リョウラ）　菅又亮輔

○ 材料（約430枚分）

バター…2160g
グラニュー糖…576g
カソナード…576g
フルール・ド・セル…14.4g
全卵…576g
フィアンティーヌ（解説省略）…1kg
薄力粉（「バイオレット」日清製粉）…2304g

○ つくり方

1
ミキサーボウルにバターを入れ、グラニュー糖、カソナード、フルール・ド・セルを加えて低速のビーターで撹拌し、さらさらの砂状になるまで混ぜる（サブラージュ）。

2
低速で撹拌したまま、溶きほぐした全卵を少しずつ加えて混ぜる。

3
適宜にくだいたフィアンティーヌと薄力粉を加え、粉気がなくなるまで混ぜる。

4
生地をひとまとめにしてビニールに包み、冷蔵庫に一晩おく。

5
シーターで厚さ5mmにのばし、直径5cmのセルクルで抜く。

6
オーブンシートを敷いた天板に並べ、160℃のコンベクションオーブンで20分焼く。

10店のギフト包材

焼き菓子を売るには、ギフト需要への対応策が欠かせない。なかでも包材は、工夫のしようによっては、さらなる需要を引き出すことにつながりうる。ここでは、全店のギフト包材の一部をお見せしつつ、各店の展開をご紹介する。

La Vieille France
ラ・ヴィエイユ・フランス

左：貼り箱と組み箱は大きさ違いで3～4種ずつを用意。そのほかに筒状のプラスティックケース入りのフール・セックを2個もしくは3個組み合わせてプチギフトにできる包材(中央中・中央下)や丸い貼り箱(右下)も。おつかいものとしての折り目正しさを大切にし、落ち着いた色調、シックなデザインに。右上：ホワイトデー用につくった白いハート形の貼り箱(上)は、時期が過ぎたらキャラメルの詰め合わせに流用。イベント用であってもほかの用途にも使えるデザインを心がけ、無駄な在庫は持たない。ドリップコーヒーと焼き菓子のセットは透明なケースに(下)。右下：貼り箱やケークはコンフィチュールの瓶の大きさに合わせてサイズを決めることで、箱の種類を増やさずに済む。

Éclat des jours pâtisserie
エクラデジュール パティスリー

ギフト用包材は定番の詰め合わせ用だけで10種以上、季節がわりのもの(右写真)は1シーズンに5～6種ほどと豊富に揃える。オリジナルを製作すると最低ロットが千個単位になるので、コストの安い組み箱のみオリジナルで作成。高価な貼り箱は既製品から選んで原価を抑制し、店名やロゴを箔押ししてもらってオリジナリティを出す。看板商品のエクラマドレーヌの詰め合わせは高級感のある木箱にオリジナルの包装紙を巻いている(上写真・左下)。ギフト商品の充実を店の売りのひとつとしているため、売上に占める包材費の割合は20%と非常に高い。

Maison de petit four
メゾン・ド・プティフール

上：ドゥミ・セックの詰め合わせには店に並ぶ焼き菓子のイラストをあしらった貼り箱と組み箱を計6種ほど用意。プチギフトには原価の安い組み箱を、2000円以上の詰め合わせには高級感のある貼り箱を用いる。下：人気のプティ・フールは同じイラストを使った缶に詰めて(左)。百貨店の催事などでも人気のポルポローネはそのままギフトにも使えるオリジナルパッケージで販売する(中・右)。

Lilien Berg
リリエンベルグ

上：菓子ごとにストーリーや世界観を大切にしたオリジナルパッケージを多数用意。ギフト商品の展開や包材の開発はマダムの真弓さんが担当。包材費は売上の1割にのぼる。下：定番の詰め合わせは慶事にも弔辞にも使えるよう、箱も包装紙もシンプルな白地に(左中)。そのほかにはカゴ、マーブル紙や外国製の包装紙を使ったオリジナルの貼り箱なども用意。リボンも多数揃えており、紙製の幅広リボンはオリジナル(左上)。

L'atelier MOTOZO
ラトリエモトゾー

上：袋やケースに詰めて販売する菓子はマスキングテープやリボンなどであらかじめラッピングしたものが多い。プチギフト需要を喚起するとともに、会計時の包装の手間を減らす工夫。右：ラッピングや売り場のディスプレイは、マダムのえいこさんが担当。箱は木目柄の折り箱（3サイズ）が定番で、季節ごとにテーマを決めて異なるデザインの箱とリボンを用意。取材時のテーマカラーはピンク。

Ryoura
リョウラ

包材は店のテーマカラーである水色と白を基調にし、すべてオリジナルで製作。細長い箱はホールのケーキにもドゥミ・セックにも対応するサイズにつくるなど、基本的には汎用性の広さを重視。イラスト入りの箱は友人のお子さんでもある中学生のイラストレーターの絵を使ったもの。このほかに厚手の紙を使った高級感のある小さな手提げ袋を有料で用意したところ、プチギフト利用が増加した。

L' automne
ロートンヌ

左：詰め合わせ用のギフトボックスは全6種を用意。黒地に店のロゴを金で箔押ししたラグジュアリー感のただようデザイン。右：カステラ、ボンボンショコラ、タブレットショコラなどのパッケージは、そのままギフトとしても使えるデザインに。いずれも店名やロゴをあしらったシックなデザインとし、色味は落ち着いた茶色を使ったものが多い。包材はすべて神田さんがデザインを考えている。

Pâtisserie Rechercher
パティスリー ルシェルシェ

詰め合わせのギフトは1,000円台～5,000円台を用意し、箱は3種類。いずれも既製の組み箱で、店のテーマカラーであるピンクとグレーのものをチョイス。シルバーのリボンとオリジナルのシールで洗練された雰囲気にラッピングする。現在、オリジナルの折り箱の導入を検討中。

W. Boléro
ドゥブルベ・ボレロ

本店の庭に植えられたミモザやオリーブを描いたオリジナルの包装紙（上2つ）とプロヴァンス・プリントの柄を印刷した紙（下）を使い、大小4種類の貼り箱を用意。箱自体に柄があるので包装紙は使わず、直接サテンのリボンを結んでいる。写真の他、ザッハトルテやチーズケーキ専用の木箱やオリジナル包装紙と同じ柄のクッキー缶(100枚入り3,000円)も用意する。

Blondir
ブロンディール

ギフト包材よりもその中身である菓子そのものに原価をかけたいとの考えから、すべて既製品を使用。箱の種類は大・中・小の3種類。シンプルな白箱に紺の包装紙をかけ、リボンでラッピング。店名を入れたシールを貼る。右はプティ・フール・セック詰め合わせ用のオリジナル缶。描かれた猫のイラストは、藤原さんの手によるもの。

Lilien Berg
リリエンベルグ

a：ココバトン（20本入り1650円）。ココナッツ味18本とイチゴ味2本の詰め合わせ。→レシピp.46　**b**：エンガディナー（210円）。スイス・エンガディン地方の焼き菓子。キャラメルをからめたナッツをサブレ生地に包み込んでアレンジ。→レシピp.117　**c**：カップケーキ（260円）。バターカステラの生地にパート・ド・フリュイを宝石のようにちりばめている。　**d**：ブルグテアタール（260円）。ザッハトルテのクラムでつくるドイツ菓子。赤スグリのコンフィチュールをはさみ、上にはナッツをたっぷりと。→レシピp.105　**e**：子ぶたのマドレーヌ さくら（6個入り1450円）マドレーヌはプレーンの他に季節商品を用意する。→レシピp.128　**f**：ギプフェル（2個入り160円）ウィーンの焼き菓子を代表する三日月形クッキー。→レシピp.8　**g**：シェルクッキー（1袋600円）。口溶けのよい貝形サブレで自家製のアンズのコンフィチュールをサンド。　**h**：しあわせを呼ぶふくろー（160円）。シェフが手書きしたフクロウの絵からおこした型を使用。ココナッツ入りサブレでジャンドゥーヤをはさんでいる。3つ入りのオリジナルボックス（550円）には、1つだけ写真のようにアイシングデコレーションしたものが入る。　**i**：ポルボローネ（2個110円）。焦がした小麦粉と和三盆でつくる香ばしく口溶けのよいスペイン菓子。創業以来のロングセラー商品。　**j**：ミロワール（1袋600円）。バターカステラのクラムを使い、サクッと軽やかに。中央にはフランボワーズのコンフィチュールを。

焼き菓子であっても、重要視するのは鮮度。
季節ごとに品ぞろえを変え、
お客を飽きさせない棚をつくる

　私は焼き菓子も日持ちはしないと考えています。鮮度がものをいうのは生菓子だけではありません。焼き立てを食べて自分の菓子はおいしいと思っていても、冷凍したり、長持ちさせるために脱酸素剤を入れてストックしていたら、お客さまの口に入る頃には焼き立てのおいしさなんてどこにもなくなってしまいます。焼き上げたその瞬間から香りがとびはじめるのが焼き菓子なんです。そのように考えているので、ナッツのローストなどの下処理もこまめに行います。そして、2〜3日中に売り切ることを目安に生産スケジュールを調整しています。さらに、なるべく鮮度のよいうちにお客さまに食べていただけるよう、消費期限は製造日から10日以内に設定しています。大切なのはそうしたことを、何十年もの間、毎日続けるということです。

　これは開業当初から決めていたことです。たいていのお客さまはまずは生菓子を買われます。そして、おいしかったら次は自分用の焼き菓子を。それがおいしくてはじめて、ギフトをご注文くださいます。ギフトがたくさん出れば、焼き菓子の売上比率が上がり、店の利益率も高まります。そのためには、お客さまがいつしらしてもおいしい状態のものを用意することです。

　また、ギフトをご注文いただくためには自分で買っても楽しく、人にあげれば喜ばれる、そんなパッケージであることも重要。包材はほとんどがオリジナルで、外国製の包装紙を使った貼り箱やフクロウの形のクッキーボックスなどかわいらしさや楽しさを大切に開発しています。ギフト商品の種類は約50種類、個包装の焼き菓子は30品ほどを常備。どちらも季節によって品揃えを変え、いつ来店されても新鮮に感じられるよう心がけています。おかげさまでギフトを含む焼き菓子の売上比率は、ここ10年で約7割に達しました。今後もつくりたてのおいしさと商品としての楽しさを大切に、焼き菓子をつくり続けていきたいと思っています。

横溝春雄(よこみぞ はるお)
1948年、埼玉県生まれ。高校卒業後、「エス・ワイル(東京・神田)」(閉店)を経て、渡欧。ウィーンの「デメル」をはじめ、スイスやドイツのカフェ、ホテルなどで計5年間の修業を積む。帰国後、新宿中村屋「グロリエッテ」シェフを経て、独立。

売上比率

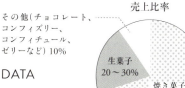

その他(チョコレート、コンフィズリー、コンフィチュール、ゼリーなど) 10%
生菓子 20〜30%
焼き菓子 60〜70%

DATA

売り場面積_20坪
イートイン_15坪
厨房面積_69坪
製造人数_25人+シェフ
客単価_5000円
平均客数_平日200人、週末400人以上

SHOP DATA

神奈川県川崎市麻生区上麻生4-18-17
☎ 044-966-7511
営業時間_10:00〜17:00
定休日_月曜、火曜

1：売り場中央には生菓子約25品が並ぶショーケース。 2：焼き菓子売り場は生菓子のショーケース左奥の階段を上がった小部屋。 3：小部屋の中央には木の枝を模したオブジェが。まわりに焼き菓子を陳列する。 4：プチギフトはまとめてディスプレイ。 5：オブジェの奥の棚には袋菓子とケークのホールが。 6：焼き菓子売り場の入り口脇には詰め合わせギフト約10種を陳列。

La Vieille France

ラ・ヴィエイユ・フランス

a：ギャレット ブルトンヌ（260円）。130℃の低温でじっくり焼き上げ、芯まできっちり焼き色をつけている。　b：ボベス（350円）。ナッツとドライフルーツを巻いたアルザスの地方菓子。→レシピp.113　c：バトン・アンショワ（1箱480円）。ビールとも赤ワインとも抜群の相性。→レシピp.58　d：アンガディンヌ（280円）。丸く抜いたサブレにキャラメルをからめたナッツをはさみ、ロスの出ない仕立てに。　e：パレオール（180円）。表面には砂糖をふってカラメリゼ。パリンとした食感のパイ菓子。香りのよいシナモンをふんだんにきかせている。→レシピp.14　f：子豚のサブレ（150円）。沖縄・多良間産の黒糖を使ったサブレ。沖縄の食文化に欠かせない豚にちなんだ形に。　g：プチマドレーヌ（20個入り1400円）。小さな型で焼いてかわいらしく。→レシピp.129　h：サブレ・ア・ラ・ピスターシュ（1箱480円）。ピスタチオ生地にバニラ生地を薄く巻いた美しいデザインが目を引く。　i：ノワゼットサレフュメ（1箱550円）。燻香をつけた塩をまとわせたヘーゼルナッツ。おつまみにぴったり。　j：ダコワーズ フランボワーズ（240円）。生地とクリームにフランボワーズを加えて、色あいも味わいも華やかに。→レシピp.85

焼き色のチェックは自然光の入る売り場で。
ぎっしり、どっさりとにぎやかに陳列して、
こころ踊るおいしそうな雰囲気を演出する

　2007年の開業当時から、焼き菓子の需要はこれからどんどん増えていくだろうと予想し、力を入れてきました。社会の高齢化が進む中で、焼き菓子のほっと落ち着きを感じさせる味わいは広い年齢層に受け入れられます。また、フランス菓子を食べなれたお客さまが増えた昨今、焼き菓子への注目がより高まっているという実感もあります。なによりも僕自身が焼き菓子が大好きだということもあり、当店では常時30種類以上を揃えています。

　焼き菓子において大切にしているのは焼き色です。お客さまがご覧になる状況でおいしそうに見えるよう、厨房の蛍光灯の下ではなく、自然光の入る売り場に持ち出して色味を確認しています。型は金属製を使用。おいしそうな焼き色を出し、生地を一気に熱して、中までしっかり焼き込まれたフランス菓子らしい食感を出すためには欠かせません。製造数が多いので、作業性を上げるために年1～2回、業者に頼んでフッ素加工をほどこしています。

　アレンジのきかない焼き菓子は良質な素材を使うことも大切。バターはフランスにならってすべての焼き菓子に発酵バターを用い、アーモンドは香りがよく、味わいの深いスペイン産のマルコナ種とバレンシア種を使っています。ベストな食べ頃で楽しんでいただけるよう、こまめに焼き足すことも大事です。焼きたてよりも少し時間をおいたほうがおいしいフィナンシェやケークは味がなじんだタイミングで並べ、ベストな食べ頃を楽しんでもらえるよう努めています。

　そして、焼き菓子を売る上では、味だけでなく陳列も大事です。30種類あるラインアップのうち20種類ほどは個包装の商品なのですが、これらは店の中央にある大きなアンティーク・テーブルの上にどっさり、ぎっしり、にぎやかに盛っています。いろいろな種類がこんもりと置かれている方がおいしそうに見えると思うので、販売担当者には意識して補充するように言っています。

木村成克（きむらしげかつ）

1963年、大阪府生まれ。87年に渡仏し、「ネゲル」など計6店に勤務。パリの「ラ・ヴィエイユ・フランス」では日本人初のシェフ・パティシエを務める。98年に帰国。「パティスリー・フレ（福岡）」のシェフを経て、2007年に独立。

売上比率
その他（コンフィチュール、チョコレート、アイスクリーム、喫茶、茶葉・コーヒー豆など）10%
生菓子 30%
焼き菓子 60%

DATA

売り場面積_10坪
イートイン_2坪
厨房面積_26坪
製造人数_10人＋シェフ
客単価_1500円
平均客数_平日120人、週末・祝日200人

SHOP DATA

東京都世田谷区粕谷4-15-6
グランデュール千歳烏山1F
☎03-5314-3530
営業時間_10：30～19：00（詳細HP参照）
定休日_不定休

1：写真右手のショーケースには生菓子、左手には個包装の焼き菓子、正面の棚にはコンフィチュールが並ぶ。2：コンフィチュールの棚の並びのスペース。左には焼き菓子の詰め合わせや筒状のケースに入れたフール・セック、右には果物のシロップ漬けの瓶詰めなどを陳列。3：個包装の焼き菓子はアンティークのテーブルの上にぎっしりと並べてにぎやかに。　4：詰め合わせなどのギフト商品もにぎやかに陳列。上段にはフール・セックが。

Maison de Petit four

メゾン・ド・プティ・フール

a：テリーヌ・ドートンヌ(336円)。3種の生地を重ね、ナッツやクリなどを埋め込んだテリーヌ仕立てのケーク。→レシピp.106　b：シシリ(238円)。シチリア産のピスタチオペーストをたっぷりと使用。　c：ケーク・キャラメルサレ(270円)。ソースキャラメルとゲランドの塩を使った塩キャラメルケーク。　d：ガトー・バスク(194円)。やわらかい生地でクレーム・ダマンドとラムレーズンをはさんで焼いたオリジナル商品。→レシピp.132　e：マカロン・ダミアン(3個入り486円)。北フランスの町、アミアンの伝統菓子。→レシピp.54　f：コルネ(1箱594円)。小さなラング・ド・シャでプラリネクリームを巻いた一番人気のフール・セック。→レシピp.11　g：サブレ・マング・フランボワーズ(1箱518円)。マンゴーとフランボワーズの2色の生地を組み合わせたサブレ。→レシピp.62　h：マドレーヌ・プラリネ(184円)。プラリネ入りでしっとり濃厚な味わい。　i：サブレ・バスク(254円)。バスクのシンボルマークの形の型で抜いたシンプルな味わいのサブレ。　j：ポルボローネ(左からプレーン、抹茶、フランボワーズ、紅茶、和三盆、メープル、ショコラ。各3個・計21個入りで1620円)。香りのよいスペイン産バレンシア種のアーモンドのパウダーとダイスを加えてアレンジ。

生地の状態は必ず手で確かめ、いつでも変わらぬおいしさを追求。
遊びごころを取り入れたパッケージで、売上が倍増

　私が独立したのは26歳のとき。焼き菓子の卸専門店としての開業でした。焼き菓子は生産計画が立てやすく、ロスも少ない。卸であれば立地は問わないし、焼き菓子に特化すれば機材も少なくて済みます。15坪の小さな倉庫みたいな物件からはじめました。その後、焼き菓子専門店として店を構え、2店目のオープンを機に生菓子もつくるように。現在では3店舗に増えました。

　焼き菓子をつくる上で大切にしているのは状態の変化をよく見極めること。バターや卵にどのくらい空気を含ませるのか、バターはかたいままか室温にもどすのかポマード状か、生地はどれくらい練るのか。すべての工程において、理想的な状態になるよう確かめながら進めることが重要です。そのため、サブレ生地をつくるときなどはバターと粉をすり合わせる作業（サブラージュ）は手で行っています。生地をミキサーで混ぜるときも、仕上げは必ず手で状態を確認します。焼きの作業も大事ですが、それ以前に生地をよい状態にととのえることが何よりも重要です。

　味だけでなく、大切だと考えているのはパッケージです。やっぱり、自分で食べるにも人にあげるにも楽しくないとね。考える方も楽しんで取り組むのが大事です。3～4年前に当店の焼き菓子をイラストにしてもらって、プティ・フールの詰め合わせの缶をそのイラストを使ったデザインに変えてみたところ、発売当初から反応がよく、雑誌に掲載されたり百貨店の催事に呼ばれたりと、倍々で注文が増えていきました。一番人気のSサイズのものは多いときは1ヶ月で1000缶以上の注文があります。

　長年、古典菓子や地方菓子の紹介に軸足をおいてきましたが、数年前から、自分の世界を追求することに関心が向くように。フランス料理からヒントを得て、生地や素材を重ねたテリーヌ状のケーキや和素材を取り入れたポルボローネなどはその一例です。今後もより自由な発想で取り組んでいきたいと思っています。

西野之朗（にしの ゆきお）

1958年、大阪府生まれ。「オーボンヴュータン（東京・尾山台）」を経て渡仏し、パリの「アルチュール」などで修業。帰国後、焼き菓子の卸を始める。1990年に「メゾン・ド・プティ・フール」を開業。91年には南馬込店、2004年には長原店を開店。

売上比率
（3店・通販・卸の合算）

その他（コンフィズリー、パン、トレトゥール、チョコレートなど）15%
生菓子 25%
焼き菓子 60%

DATA

厨房面積_60坪
製造人数_13人＋シェフ
（3店・通販・卸分を製造）
客単価_2000円（本店）
平均客数_平日60～70人、
週末・祝日80～90人（本店）

SHOP DATA

本店／東京都大田区仲池上2-27-17
☎03-3755-7055
営業時間_9：30～18：00
定休日_火曜、水曜（祝日営業）

1：奥に長い店内。片側に冷蔵ショーケースを設置して生菓子やトレトゥール（惣菜）を、反対側には焼き菓子を陳列。　2：入ってすぐの棚には売れ筋のポルボローネが。そのままギフトにできるかわいらしいパッケージ。3：人気のプティ・フール缶はS・M・Lの3種を用意。4：ドゥミ・セックのプチギフトはオリジナルの組み箱に詰めて販売。　5：焼き菓子の陳列棚には、詰め合わせ、プラスティックケース入りのフール・セック、個包装のドゥミ・セックがずらりと並ぶ。

L'atelier MOTOZO
ラトリエ モトゾー

a：アモーレアモーレ（1箱850円）。バレンタイン向けのハート形のプチケーキ。ピスタチオと桜の2種。　b：バーチ（1箱550円）。ビスコッティとフィヤンティーヌをホワイトチョコレートでまとめて一口サイズに。　c：ディアマンテ アル カッフェ（1箱750円）。片栗粉で軽さを出したカフェ風味のクッキー。→レシピp.43　d：ブルッティ マ ブオーニ（1箱450円）。アーモンドとヘーゼルナッツ、シナモンを加えた北イタリア定番のメレンゲ菓子。　e：アモール ポレンタ（300円）。トウモロコシ粉でつくる一番人気の定番菓子。→レシピp.125　f：カラメッロ サラート（1箱600円）。シャリシャリとしたキャラメル風味の糖衣をかけたクルミ。→レシピp.32　g：ローザ（1箱500円）。バラの香りのメレンゲ。→レシピp.47　h：カントゥッチ コン リーベス（1袋600円）。ソフトな食感のビスコッティ。→レシピp.35　i：サン ペッレグリーノ（1箱450円）。北イタリアの温泉地の銘菓。重炭酸アンモニウムを使うことで粗い気泡が入り、ザクザクと軽い食感に。　j：ビスコット ナポレターノ（1箱450円）。ソフトなクッキー生地で、スパイスとアマレーナチェリーを加えたチョコスポンジ生地をサンド。昔ながらのナポリの庶民菓子。

「色」を意識した華やかさのある売り場をつくり、イタリア伝統菓子に親しみを持ってもらう

1

2

3

4

5

　焼き菓子の商品構成は、イタリアの伝統菓子と、オリジナルの創作菓子が半々くらい。伝統菓子は現地そのままのスタイルを重視し、甘みや食感はそのままにサイズを調整するなどして、イタリア菓子になじみのないお客さまにも手にとっていただけるようにしています。また、週に1回は新商品を出し、つねに売り場に変化を与えています。当店は開業からまだ1年経っていないこともあり、イタリア菓子の店だと知らずに来られるお客さまも多くいらっしゃいます。イタリア菓子は素朴なものが多く、ともすれば地味に感じられがち。まずは見た目から興味を持っていただけるよう、かわいらしさを意識しています。

　商品構成において私が第一に考えるのは「色」です。焼き菓子の売り場はどうしても茶色一辺倒になりがちなので、さまざまな色を意識的に取り入れることで楽しんで眺めてもらえるようにしたい。新作を考える際も、売り場を担当しているマダムに「これからの季節は棚にどんな色がほしい？」とたずねることが多く、どうしてもお菓子で表現できない色を提案されたときはラッピングでカバーしてもらうこともあります。

　売り場づくりの参考にしているのが、デパートの化粧品売り場。キラキラとした色や様々な香りに包まれてワクワクする感じを自店にも取り入れたいと思っています。また、ひとくちにピンク色といっても、ビビットなものやマットなものなど、いろいろあり、それぞれ受ける印象が違う。そうした微妙な色の違いにも敏感でいるよう心がけています。

　現在、焼き菓子の売上比率は全体の1/3程度ですが、いずれWEB通販もはじめたいと思っており、将来的には6割くらいをめざしています。また、最近は、バラとオリーブのケーキなど、美容を意識して機能性をもたせたお菓子も研究中。低糖質スイーツにも興味があり、いろいろな甘味料を試しているところです。

藤田統三（ふじたもとぞう）

1970年、大阪生まれ。フランス菓子店やイタリア料理店などを経て、99年より3年間、大阪とイタリアを往復しながら修業。2005年の「ソルレヴァンテ（東京・表参道）」立ち上げより14年の閉店までシェフを務める。16年8月に独立。

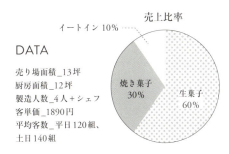

売上比率
イートイン 10%
焼き菓子 30%
生菓子 60%

DATA
売り場面積_13坪
厨房面積_12坪
製造人数_4人＋シェフ
客単価_1890円
平均客数_平日120組、土日140組

SHOP DATA
東京都目黒区東山3-1-4
☎03-6451-2389
営業時間_13:00〜17:00
定休日_月曜、火曜

1：入口正面に生菓子のショーケース。左の棚に焼き菓子を陳列。　2：個包装の生菓子は少なく、450〜850円程度の箱入りが主。　3：書棚のような陳列棚に焼き菓子をディスプレイ。上段には菓子や料理の洋書、ギフト包装の見本などを並べている。　4：そのままプチギフトとして渡せるパッケージのものが多い。包装の手間が省け、手軽なギフト需要を喚起することもできる。　5：菓子1箱をギフト包装できる布バッグ(100円)も販売。

W. Boléro
ドゥブルベ・ボレロ

a：フロランタン(240円)。大ぶりの欧州産ナッツをたっぷりと使用。→レシピp.120　b：ヴィジタンディーヌ(220円)。アーモンドのオー・ド・ヴィを加えて風味を強調。→レシピp.88　c：エンガディーナ(230円)。グルノーブル産クルミのおいしさを前面に出すために、キャラメルは煮詰めすぎない。　d：ケークショコラ・フリュイノワール(220円)。カカオ分の高いチョコレートとドライフルーツの洋酒漬けをたっぷりと配合し、赤ワインにも合う味に。→レシピp.137　e：ケーク・キャラメル・ポワール(230円)。洋ナシの白ワイン煮とキャラメルを加えたケーク。さっぱりとしてコクのある夏向け商品。　f：ブレッツェル(220円)。パート・フィユテの二番生地とサブレ生地をねじり合わせて。　g：バニラ・キッフェル(1箱460円)。レモンコンフィを加え、さわやかな味わいに。　h：ガレット・ラム(1箱460円)。ラム酒とレモンのキレのよい芳香が魅力。→レシピp.22　i：バスケーズ・近江木苺(240円)。シナモンが香るリッチな生地に、地元産の果物のコンフィチュールをサンド。→レシピp.133　j：マカロン・サン・ジャン・ド・リュズ(200円)。ローマジパンに卵白を加えた素朴な味わい。バスクの老舗「メゾン・アダム」が500年前からつくる同商品の再現を試みたもの。

材料の高騰と品薄を、自家輸入や製法の工夫で打開。
郊外店の売上アップの秘策は、わかりやすいプレゼンテーションにあり

　材料も製法もシンプルな焼き菓子は差別化の手法に制約があるため、違いを生む材料はとりわけ重要。特に当店は"フランスと変わらぬ味"をテーマとすることから、国産の薄力粉に加えてフランス産小麦粉を使い、現地の焼き菓子特有のガサッとした口当たりや小麦の香りを表現。バターは発酵バターを、ナッツが特に味の要となる菓子にはシチリア産パルマギルジャンティ種のアーモンドやグルノーブル産のクルミを使うなど、よい材料を惜しみなく使っています。一方、材料の高騰により、焼き菓子は売れば売るほど利益が出るアイテムではなくなってきました。そのため、私がいま一番腐心しているのはいい材料をいかに安く仕入れるか。当店では前述のアーモンドを自家輸入してコストを抑え、量を確保しています。それでも素材を見直さねばならない場合は吟味した欧州産アーモンドに、アーモンドのブランデーを配合してビターな風味を補ったり、アンズの種を主体にした加工品「杏仁霜」を加えて香りを補うといった工夫をしています。焼き菓子において香りはとても重要な要素。よって、当店では製造の際、天板1枚分ずつこまめに焼き、すぐに袋詰めして焼きたての香りも一緒に閉じ込めるようにしています。

　売るための工夫として、まず大切にしているのはイメージづくり。内装のコンセプトである南仏・プロヴァンスの雰囲気をギフトボックスにいたるまで徹底しています。また、陳列棚は以前より棚の数や陳列する商品の種類や量を増やし、にぎやかな見た目を演出。ギフトは場所が許す限り、見本を展示しています。本店のある郊外の立地では、こうしたわかりやすさが大切。それを意識したことで、開業時には5％だった焼き菓子の売上比率は35％まで伸びました。一方、オフィス街に立地する大阪店はギフト需要が多く、ギフトの見本を本店よりも多く陳列することで焼き菓子の売上比率を50％に保っています。

渡邊雄二(わたなべ ゆうじ)

1965年、三重県生まれ。大学卒業後、「レ・ザンジュ」（神奈川・鎌倉）などで修業を積み、2004年に独立。13年に2号店を大阪・本町にオープン。年に1～2回スタッフと共に渡欧し、ヨーロッパの菓子文化を探究する。

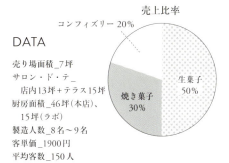

売上比率
コンフィズリー 20％
生菓子 50％
焼き菓子 30％

DATA

売り場面積_7坪
サロン・ド・テ_
　店内13坪＋テラス15坪
厨房面積_46坪(本店)、
　15坪(ラボ)
製造人数_8名～9名
客単価_1900円
平均客数_150人

SHOP DATA

本店／滋賀県守山市播磨田町48-4
☎077-581-3966
営業時間_10:00～19:00
（サロン・ド・テは17:30L.O.)
定休日_火曜(月曜不定休)

1：生菓子のショーケースの右奥のスペースに棚を設置し、焼き菓子を陳列。　2：ギフトはお客がイメージしやすいよう見本を複数用意する。　3：焼き菓子の棚は「どれだけ視界に飛び込んでくるか」（渡邊さん）を考慮し、開業後に棚を増設。菓子がよく見えるよう棚を照らす照明も増した。　4：直径3cmに揃えて成形し円筒形のパッケージに入れるクッキー8品の他、フール・セックは計15品。　5：ドゥミ・セックは18品を揃える。

Madeleine

マドレーヌ

パティスリーなら必ずといってよいほどおいているマドレーヌ。本場フランス流のふっくらとした焼き上がりをめざすのか、日本人好みにしっとりとさせるのか。よく売れる商品だけに、どのような食感のバランスに着地させるか、追求しがいのある焼き菓子だ。

Éclat des jours pâtisserie
エクラデジュール パティスリー

エクラマドレーヌ（200円）　マドレーヌ（200円）

店の顔になるような看板商品を、と考えたもの。マジパン・ローマッセをたっぷりと贅沢に使って、しっとりと仕上げている。

生クリームを使ってリッチな味わいに。バニラビーンズをたっぷり加え、さらにオレンジとレモンの皮でさわやかな香りに。

Ryoura
リョウラ

マドレーヌ オ ブール（203円）　マドレーヌ オ テ（203円）

アーモンドを多めに配合したやわらかい生地をなつかしさを感じさせる紙の型に流して焼いている。牛乳などを多めにした水分の多い配合で独特のふんわり感を実現。「〜オ テ」はアールグレイの茶葉を加えた紅茶風味。幅広い客層になじみのある味わいが人気。

L'automne
ロートンヌ

マドレーヌ（172円）　マドレーヌ ショコラ（172円）

マジパン・ローマッセを加え、なおかつ水分量の多い配合とし、限りなくしっとりと焼き上げている。レモンをきかせてキレのある印象にしたプレーンのほかに、カカオをしっかりときかせたショコラ味も。シンプルな配合と製法で素材そのものの味わいを楽しませる。

Lilien Berg
リリエンベルグ

こぶたのマドレーヌ（160円）　こぶたのマドレーメ 桜（6個入り1450円）

アンティークの型からおこしたオリジナルを使用。深さがあり、しっとりと焼き上がる。ネーミングはふっくらした形がこぶたの手を思わせることから。プレーンのほかに黒豆やレモンなど季節代わりの味を並べる。

Pâtisserie Rechercher
パティスリー ルシェルシェ

マドレーヌ（185円）

清涼感のあるタスマニア産レザーウッドのハチミツとオレンジの皮のコンフィを使用。さわやかな香りが弾ける。

Blondir
ブロンディール

マドレーヌ（180円）

パート・ダマンド・クリュを加え、しっとり感とビター感をプラス。ラベンダーのハチミツがエレガントに香る。

W. Boléro
ドゥブルベ・ボレロ

マドレーヌ（150円）　マドレーヌ・ショコラ（180円）

国産薄力粉に、フランス産中力粉と準強力粉を配合し「ガサッと崩れるフランスらしい食感」（渡邊さん）を表現。

カサルカ社のコロンビア（カカオ分70%）を配合し、フォンダンショコラをイメージ。素朴かつビターな味わい。

Maison de Petit four
メゾン・ド・プティフール

マドレーヌ ミエル（171円）　マドレーヌ プラリネ（171円）　マドレーヌ ショコラ（171円）　マドレーヌ テ（171円）　マドレーヌ カフェ（171円）

表面はカリッと、中はねちっとした食感のコントラストが楽しい。やさしい甘みのミエル（ハチミツ）、ナッツの風味豊かなプラリネ、カカオをきかせたショコラ、アールグレイがかぐわしいテ、コーヒーが香るカフェの5種。親しみやすい菓子だけに、さまざまなフレーバーを用意して選べる楽しさを提供する。

La Vieille France
ラ・ヴィエイユ・フランス

マドレーヌ（186円）　プチマドレーヌ（1箱20個入り1297円）

ふっくらと中央が膨らんだ"へそ"ができるフランス流の配合にマジパン・ローマッセなどを加えて日本人好みのしっとり感をプラス。同じ生地を小さく焼いたプチマドレーヌは詰め合わせでギフト仕様に。

Financier

フィナンシェ

マドレーヌと並んで、焼き菓子といえばまず浮かぶのがフィナンシェ。アーモンドパウダーをたっぷり使うため、その扱いが味わいの決め手となる。また、バターは溶かしバターなのか、焦がしバターなのかによっても味わいや食感に大きく違いが出てくる。

Pâtisserie Rechercher
パティスリー ルシェルシェ

フィナンシェ（210円）　フィナンシェ フランボワーズ（210円）

シチリア産パルマギルジャンティ種のアーモンドパウダーに、皮付きヘーゼルナッツパウダーを少量加えてビター感をプラス。フランボワーズはくだいたフリーズドライをふり、オー・ド・ヴィー、バニラビーンズ入りの焦がしバターを加えて香り豊かに仕上げている。

Maison de Petit four
メゾン・ド・プティフール

フィナンシェ ヘーゼルナッツ（181円）　フィナンシェ ショコラ（181円）

アーモンドパウダーに加えてヘーゼルナッツパウダーを使い、それぞれの風味を高めあう配合としたヘーゼルナッツ味、ココアパウダーを配合してビターな味わいをきかせたショコラの2種を用意。外はカリッと香ばしく、中はしっとりと焼き上げている。

Éclat des jours pâtisserie
エクラデジュール パティスリー

フィナンシェ（200円）　フィナンシェ フランボワーズ（200円）

こげ茶色になるまでしっかり焦がした溶かしバターを加えて、縁はかりっと、中はもっちりとした食感に。

焼成途中に自家製のコンフィチュールを絞り入れて焼き上げる。フランボワーズの華やかな酸味がきいている。

L' automne
ロートンヌ

フィナンシェ（200円）　フィナンシェ・ピスターシュ200円）

表面も中もしっとりとした仕上がりをめざし、やや高めの焼成温度、やや短めの時間で、水分を保ったまま焼き上がるよう調整。ナッツの香りと味わいを引き立たせるため、生地を焼成前に6時間ねかせてから焼成する。

Lilien Berg
リリエンベルグ

フィナンシェ（160円）

自店でローストして挽いた新鮮なアーモンドパウダーをたっぷり使い、表面はカリッと、中はむっちりとした焼き上がりに。

La Vieille France
ラ・ヴィエイユ・フランス

フィナンシェ・オ・エラブル（246円）　フィナンシェ・オ・テ（246円）

アーモンドの香りが命の菓子だと考えており、香りのよいスペイン産マルコナ種のアーモンドを店内で皮むきして挽いたものを使用。やさしい甘みのメープルシロップ味とアールグレイ茶葉を贅沢に使った香り高い紅茶味の2種。

W. Boléro
ドゥブルベ・ボレロ

フィナンシェ・オ・マロン（240円）

グラッセとペーストを使ってクリの風味を強め、アーモンドパウダーに杏仁霜を加えてアーモンドの香りを強調している。

Ryoura
リョウラ

フィナンシェ プラリネ（250円）　フィナンシェ キャラメル（223円）　フィナンシェ エラブル（223円）　フィナンシェ テヴェール（223円）

自家製のプラリネを加えてケークのようなしっとり感に。丸い型は角がないので、どこを食べてもやわらかく焼き上がる。

長方形の型で焼くと生地の密度が高くなり、しっかりとした食感に。キャラメル入りで糖分が多いので、焼きすぎに注意。

メープルシュガーを使ったフィナンシェ。表面はサクッと、中はしっとりとした食感に焼き上がるオーバル形の型を使用。

京都・宇治抹茶を配合した生地にアプリコットピューレを少量加え、抹茶の風味をより際立たせている。

Florentine

フロランタン

使うナッツやドライフルーツの種類、キャラメルの味や焦がし具合、生地の厚み、どれくらい焼き込むか、など工夫によって、さまざまな味わいを生み出すことができる。大きく焼いて切り分けるのが一般的だが、型抜きして丸く成形する店も。

Pâtisserie Rechercher
パティスリー ルシェルシェ

フロランタン (210円)

アーモンドに加えてラムレーズンとオレンジコンフィも使い、味わい豊かに。ラム酒をきかせたキャラメルが香り高い一品。

Ryoura
リョウラ

フロランタン (203円) / フロランタン オ セザム (203円)

軽やかな食感がずっと続く仕上がりをめざし、土台にはサブレ生地を使用。キャラメルはかたくなりすぎないよう水アメを多めにし、煮詰めずに薄く流すことでサブレとの一体感を高めている。また、アーモンドはダイスとスライスを混ぜ、変化に富んだ歯ざわりに。

Lilien Berg
リリエンベルグ

フロランタン (160円)

パート・シュクレは薄めにのばし、カリッとした焼き上がりに。アーモンドは味わいをしっかりと出せるよう厚めのスライスを使用。

W. Boléro
ドゥブルベ・ボレロ

フロランタン (240円) / フロランタン・ショコラ (220円) / フロランタン・ノワ (220円)

あらかじめ焦がしたキャラメルを、しっかりと焼き込んだパート・シュクレの上に流して焼く。ごろごろと大ぶりなナッツがポイント。

キャラメルにココアパウダーを加えてピエモンテ産ヘーゼルナッツにからめ、ショコラ味のパート・シュクレと合わせてビターな味わいに。

風味の良いアメリカ産クルミが手に入ったためにつくりはじめたフロランタン。軽くローストしたクルミをふんだんに散らし、香り豊かに。

Éclat des jours pâtisserie
エクラデジュール パティスリー

フロランタン (200円)

アーモンドスライスとドライフルーツを合わせて使い、より豊かな風味を追求。オレンジのさわやかな香りがポイント。パート・シュクレは厚さ3mmと薄め。

L' automne
ロートンヌ

モナコ (139円)

イメージしたのは、和のフロランタン。最中の皮にキャラメルを薄めに流してサクッと軽やかな仕上がりに。アーモンドスライスに加えてゴマも使っている。

La Vieille France
ラ・ヴィエイユ・フランス

フロランタン (320円)

パート・シュクレは1cm以上と厚く、キャラメルとスライスアーモンドの層は3～4mmと薄めで、カリッと歯ごたえよく香ばしい。パート・シュクレは、キャラメルを流す前に、あらかじめ150℃の低温でじっくりと半焼きに。最終的に生地の表面と芯の色が均一な濃い色に焼き上がるよう調整している。

Maison de Petit four
メゾン・ド・プティフール

フロランタン (181円)

5mmほどと薄くのばしたパート・シュクレの上に、スライスアーモンドとキャラメルの層をパート・シュクレの倍以上の厚さに流し、ほろ苦いキャラメルをまとったスライスアーモンドの香ばしさを存分に味わえる仕立てに。生地の芯までしっかりと濃い色になるようにきっちり焼き込んでいる。

Demi sec
ドゥミ・セック

フィナンシェ・フランボワーズ／
Éclat des jours pâtisserie（エクラデジュール パティスリー）　中山洋平

Financier à la Framboise

自家製のフランボワーズのコンフィチュールを絞り入れたフィナンシェ。ギリギリまで焦がしたバターをたっぷりと生地に加えることで、縁はカリッと、中はしっとりもっちりとした食感になる。焦がしバターの風味は、生地に配合しているヘーゼルナッツとも好相性。

○ 材料(7cm×4.5cm×高さ1.5cmのフィナンシェ型・55個分)

【焦がしバター(ブール・ノワゼット)】
バター…適量

【フランボワーズのコンフィチュール】
フランボワーズ(冷凍)…適量
ナパージュ・ヌートル(市販)…適量
グラニュー糖…適量

【フィナンシェ】
A
　アーモンドパウダー(皮付き)…240g
　ヘーゼルナッツパウダー…80g
　準強力粉(「ラ・トラディション・フランセーズ」
　　ミノトリー・ヴィロン)…200g
　粉糖…600g
卵白…420g
焦がしバター(左記)…560g
フランボワーズのコンフィチュール(左記)…適量
アーモンドダイス(皮なし・16分割)…適量

焦がしバター

1

バターを鍋に入れ、強火にかける。

2

バターが溶けはじめたら泡立て器でたえずかき混ぜ、焦がしていく。

3

泡が写真のように茶がかった色合いになってきたら、底に氷水をあてたボウルに移し、泡立て器で混ぜて冷ます。

フランボワーズのコンフィチュール

1

鍋にフランボワーズ、ナパージュ・ヌートル、グラニュー糖を同量ずつ入れる。強火にかけ、泡立て器でたえずかき混ぜながら煮詰める。

2

煮詰まって色が濃くなってきたらできあがり。

3

できあがりの目安はとろみ加減で判断する。ボウルを冷やしておき、底に数滴たらす。指でさわって離すとやや糸を引くくらいとろみがついていたらできあがり。

フィナンシェ

1
ミキサーボウルにAを入れ、卵白を加える。低速のビーターで混ぜる。卵白は冷蔵庫から出したての冷たい状態でよい。

2
混ざったらビーターをいったん止め、約50℃にした焦がしバターを一気に加えて低速でさらに混ぜる。

3
ツヤが出てなめらかな状態になったら混ぜ終わり。

4
絞り袋に詰め、型の7分目くらいまで絞り入れる。上火200℃・下火230℃のオーブンで7分半焼く。

5
生地の中央のみがまだ生焼けで、ややへこんだ状態になったらオーブンから取り出す。

6
絞り袋にフランボワーズのコンフィチュールを詰め、先端を5mmほどに切る。フィナンシェの中央に一文字に絞り出す。

7
アーモンドダイスをふる。

8
オーブンに戻し、さらに13分半焼く。熱いうちに縁にパレットナイフをさし込んではずし、網の上で冷ます。

POINT
焦がしバターは、つきっきりでずっとかき混ぜながら強火にかけて、ムラなく焦がす。

POINT
コンフィチュールは弱火で炊くと色がくすんでしまう。強火で短時間で炊き上げることで、鮮やかな色合いが出る。エクラデジュールでは、フランボワーズのほか、ミュール（黒キイチゴ）やブルーベリーでも同様にして仕込む。焼き菓子や生菓子に使うほか、クリームチーズとともにバゲットにはさんでサンドイッチにもする。

POINT
卵白は冷蔵庫から出したてのものを使うことで常温にもどす時間を省き、その代わりにブール・ノワゼットは約50℃に温めておいて生地温度が下がりすぎないように調整している。バターの温度が50℃よりも低いと生地温度が低くなりすぎて分離してしまい、ツヤのあるなめらかな生地にならない。仕込み量が多い場合は50℃よりもやや温度を高くしたほうがよいが、60℃以上にすると卵白に火が入ってしまうので温めすぎないよう注意する。

ダコワーズ・フランボワーズ／
La Vieille France（ラ・ヴィエイユ・フランス）　木村成克

Dacquoise à la Framboise

生地にもクリームにもフランボワーズを加えたダコワーズ。母の日の限定商品として考案したが、愛らしい色あいと華やかな風味が好評だったため定番品に。生地に使う卵白は生と乾燥を併用し、適度にしっかりと泡立てることで歯切れよく仕上げている。

○ 材料(長径6cm×短径4cmのシャブロン型・40個分)

【生地】
卵白…304g
乾燥卵白…1.6g
グラニュー糖…92g
赤色粉…適量
A*1
　ヘーゼルナッツのタン・プール・タン*2
　　…274g
　アーモンドパウダー(皮なし、
　　スペイン産マルコナ種)…114g
　薄力粉(「オルガン」日東富士製粉)…20g
　フランボワーズパウダー…6g
純粉糖…適量

【フランボワーズの
　クレーム・オ・ブール】
クレーム・オ・ブール(でき上がりより160g使用)
　水…60g
　グラニュー糖…200g
　卵白…100g
　バター(ポマード状)…240g
フランボワーズのリキュール…40g

*1:合わせてふるっておく。
*2:皮をむいてローラーで粗くくだいたヘーゼルナッツのパウダー114gと純粉糖160gを混ぜ合わせ、ローラーで細かく挽く。

生地

1
卵白と乾燥卵白を混ぜ合わせ、ミキサーボウルに入れる。低速で撹拌し、コシが切れたら高速に切り替える。5分立てになったら、グラニュー糖を3～4回に分けて加え混ぜる。

2
赤色粉を加え、ホイッパーですくうとピンとツノが立ち、ツヤのあるなめらかな状態になるまで撹拌する。泡立てすぎると、粉類を加えたときにダマになりやすくなるので注意。

3
Aを加え、手で粉気がなくなるまで混ぜる。粉類は底に沈みやすいので、底から生地をすくい上げるようにしながら、すばやく混ぜること。

4
作業台にオーブンシートを敷き、シャブロン型をのせる。丸口金(口径15mm)を付けた絞り袋に3を詰め、型の縁ぎりぎりまで絞り入れる。

5
パレットナイフを生地に斜めにあて、すり切るようにして平らにならす。

6
シャブロン型をゆっくりと真上に持ち上げてはずす。

7

オーブンシートごと天板にのせる。純粉糖をふり、3〜4分おく。

8

写真のように純粉糖が溶けて見えなくなったら、ふたたび純粉糖を軽くふり、純粉糖がほぼ溶けて見えなくなるまでそのまましばらくおく。

9

180℃のコンベクションオーブンに入れ、すぐに150℃に下げて16〜17分焼成する。焼き上がったら、オーブンシートごと網にのせて冷ます。

フランボワーズのクレーム・オ・ブール

1

クレーム・オ・ブールをつくる。
①鍋に水とグラニュー糖を入れて火にかけ、118〜120℃になるまで加熱する。
②ミキサーボウルに卵白を入れ、低速のホイッパーで撹拌する。
③軽く泡立ったら高速に切り替え、①を少しずつそそぎ入れる。泡立てながら人肌程度の温度まで冷まし、バターを加え混ぜる。

2

クレーム・オ・ブールとフランボワーズのリキュールを混ぜ合わせる。

仕上げ

1

丸口金(口径15mm)を付けた絞り袋にフランボワーズのクレーム・オ・ブールを詰め、生地1枚の中央に約5gずつ絞る。

2

1のクリームの上に生地を重ね、生地の端までクリームが広がるように、生地と生地を軽く押さえる。

POINT

生地にはコシの強い生の卵白と、コシの弱い乾燥卵白を併用することでコシの度合を調整。適度にしっかりとした質感のメレンゲが歯切れのよさを生む。キメが細かすぎたり、砂糖が多すぎたりすると、ねちっとした食感になるので注意すること。

POINT

生地の焼成前にふった純粉糖が溶けてほぼ見えなくなってから焼くことで、表面にペルル(真珠のような丸い糖の結晶)ができ、カリッとした軽快な食感に仕上がる。ふりすぎて溶けきらないうちに焼成すると、粉糖が白く残ってしまう。

ヴィジタンディーヌ／W. Boléro（ドゥブルベ・ボレロ）　渡邊雄二

Visitandine

ヴィジタンディーヌの故郷、フランス・ロレーヌ地方出身のパティシエから教わったレシピに、自分の色を加味すべく、素材の面からアプローチ。フランス産と国産の小麦粉、発酵バター、シチリア産アーモンドなどを配合し、香り豊かに仕上げている。

○ 材料(口径7cm×高さ3cmの型・40個分)

【生地】
卵白…484g
乾燥卵白…2.8g
A*
　グラニュー糖…520g
　アーモンドパウダー(皮なし、
　　シチリア産パルマギルジャンティ種)…260g
　薄力粉(「いざなみ」近畿製粉)…164g
　準強力粉(「ラ・トラディション・フランセーズ」
　　ミノトリー・ヴィロン)…75g
発酵バター(溶かす)…390g
アーモンドのオー・ド・ヴィ(ドーバー洋酒貿易)
　　…10g

*：合わせてふるい、冷蔵庫で冷やしておく。

生地

1
ミキサーボウルに卵白と乾燥卵白を入れ、スティックミキサーでなじむまで撹拌する。

2
ミキサーボウルを卓上ミキサーに取り付けてホイッパーで撹拌し、写真のような6分立てにする。

3
別のボウルにAの材料を入れ、2を加えて泡立て器でさっくりと混ぜる。

4
発酵バターを加え、全体がなじむまで泡立て器で混ぜる。

5
アーモンドのオー・ド・ヴィを加え混ぜる。表面にラップフィルムを密着させて覆い、冷蔵庫に一晩おく。

6
丸口金を付けた絞り袋に詰め、発酵バター(分量外)を塗った型の7分目の高さまで絞る。

7
スプーンの背を使い、生地を型の縁までのばし広げる。

8
220℃に予熱したコンベクションオーブンに入れ、すぐに195℃に落として約14分焼く。

9
オーブンシートを敷いた天板を型にかぶせてひっくり返し、型をはずす。

POINT
以前、ビター感の強いアーモンドが手に入らず、別のアーモンドで代用した際に考えついたのが、アーモンドのオー・ド・ヴィでビター感を補う手法。「オー・ド・ヴィはリキュールやクレームよりも香りがクリアで使いやすい」と渡邊さん。

POINT
配合はフィナンシェと似ているが、「卵白を泡立てるかどうかが相違点。また、型の違いも大きい」(渡邊さん)。「薄い型で焼くフィナンシェは揚げ焼きのようになるが、ヴィジタンディーヌは厚みのある型のため、ふかっとした食感になる」。

フロマージュ キュイエール／L'automne(ロートンヌ)　神田広達

Fromage cuillère

ブッセ生地にクリームチーズとクレーム・パティシエールをあわせてつくったクリームをはさみ、冷凍して販売。解凍される間にクリームの水分がほどよくブッセ生地にうつり、しっとりとした食感に。

材料(60個分)

【ビスキュイ・ホイップフロマージュ】
クリームチーズ(「NEW ホイップフロマージュ」
　サンモレ)…105g
グラニュー糖…17g + 170g
卵黄…80g
薄力粉…58g
牛乳…200g
バター…81g
卵白…400g

【クレーム・フロマージュ】
クリームチーズ(「NEW ホイップフロマージュ」
　サンモレ)…700g
グラニュー糖…60g
クレーム・パティシエール(解説省略)…156g

ビスキュイ・ホイップフロマージュ

1
ボウルにクリームチーズとグラニュー糖(17g)を入れ、湯煎にかけながらヘラで混ぜる。グラニュー糖が溶けてダマがなくなり、なめらかになったら湯煎からおろす。

2
卵黄をボウルに溶き、1を加えてヘラで混ぜる。

3
薄力粉を加え、泡立て器でしっかりとすり混ぜる。

4
牛乳とバターを合わせて沸かし、3に一気に加え、泡立て器でよく混ぜる。

5
湯煎にかけて混ぜながら加熱する。写真のようにとろみが出てきたら、湯煎からはずす。

6
卓上ミキサーに卵白とグラニュー糖(170g)を入れ、中速のホイッパーで7分立てにする。

抜き型にスタンプインクをつけ、大きな紙に一定の間隔でおす。この紙をシルパットの下に敷き、生地を絞り出す大きさの目安としている。スタンプインクを使うことで、短時間で紙に型の大きさを写すことができる。

7

5に6の半量を加え、ヘラで泡をつぶさないように切り混ぜる。

8

6の残りを加え、同様にヘラで切り混ぜる。写真は混ぜ終わり。

9

丸口金(口径12mm)をつけた絞り袋に詰め、シルパットを敷いた天板に直径5cm、高さ1.5～2cmに丸く絞り出す。

10

上火160℃・下火100℃で30～35分、湯煎焼きし、上火180℃・下火100℃にして5分焼く。

11

天板からはずして冷まし、冷めたら組立てる。

クリーム

1

クリームチーズをヘラで混ぜてなめらかにし、グラニュー糖を加えて混ぜる。

2

クレーム・パティシエールを加えてすり混ぜる。

3

しっかりと混ざったらできあがり。

組み立て

1

冷ました生地1個にクリームを絞る。

2

生地1個をかぶせ、上から押さえてなじませる。ショックフリーザーで冷凍し、冷凍のまま販売する。

POINT

卵白は立てすぎると離水するので、たてすぎないように注意する。

アマンディーヌ／Ryoura(リョウラ)　菅又亮輔

Amandine

フランスのラングドック地方やプロヴァンス地方に伝わる菓子「コロンビエ」をアレンジ。アーモンドパウダー入りの生地のまわりにアーモンドをまとわせ、中にドライフルーツのシロップ漬けを入れるという構成はそのままに、小さな型で焼き上げている。

○ 材料(長径7cm×短径4.6cm×高さ1.5cmのオーバル型・約75個分)

マジパン・ローマッセ(市販)…400g
上白糖…180g
全卵…420g
卵黄…60g
A*
 ┃ 薄力粉(「バイオレット」日清製粉)…200g
 ┃ ベーキングパウダー…2g
溶かしバター…180g
アーモンドダイス(16割)…適量
ドライフルーツの洋酒漬け(p.101・みじん切り)
　　…300g
粉糖…700g
ラム(ネグリタ ラム)…350g

＊：合わせてふるっておく。

生地

1
マジパン・ローマッセは電子レンジで温めてやわらかくし、ミキサーボウルに入れる。上白糖を加えて低速のビーターで混ぜ、さらさらとした砂状になったら止める。

2
ボウルに全卵と卵黄を入れて溶きほぐす。湯煎にかけ、かき混ぜながら人肌程度まで温める。よく泡立ったら濾す。

3
1を低速のビーターで混ぜながら、2を少しずつ加え始める。

4
羽根についた生地をこまめに落としながら、2を半量くらいまで加え、なめらかな状態にする。

5
全体がなめらかになったらビーターをホイッパーに付け替える。高速で回し、2の残りを少しずつ加えて、一気に泡立てる。

6
生地をたらすとリボン状に落ちるようになったら、ボウルに移す。

7
ゴムベラで混ぜながら、Aを少しずつ加える。

8
60〜65℃に温めた溶かしバターを加え混ぜ、全体になじませる。丸口金を付けた絞り袋に詰める。

9
型に溶かしバター(分量外)を塗り、アーモンドダイスをまんべんなく貼り付ける。型の半分の高さまで生地を絞り入れる。

10
ドライフルーツの洋酒漬けを4gずつのせ、生地を型の縁の高さまで絞り入れる。

11
165℃のコンベクションオーブンで15分焼く。

12
鍋に粉糖とラムを入れて火にかけ、泡立て器で混ぜて粉糖を溶かす。

13
11が焼き上がったら、熱いうちに型からはずして網にのせ、12を全体にたっぷりとかける。

POINT
卵は一度に加えるとダマになるので少しずつ加える。羽根についた生地をこまめに落としながら混ぜ、なめらかになったらホイッパーで一気に泡立てる。

POINT
上白糖を使うのは、日本人好みのしっとりとした食感に仕上げるため。リョウラでは、焼き上がりにシロップをたっぷりとうつようなしっとりと仕上げたい菓子の生地に上白糖を使うことが多い。

ノネット／Blondir（ブロンディール）　藤原和彦

Nonnette

小さい円形のパン・デピスにコンフィチュールなどを入れて焼き、表面にグラスがけした伝統菓子。ブルゴーニュ地方やディジョンなどの名物として知られる。グラスから漂うベルガモットのすがすがしい香り、スパイシーな生地、果実味あふれるプルーンの調和が味わい深い。

材料（直径6cmのセルクル・20個分）

【コンポート・ド・プリュノー】
水…200g
グラニュー糖…100g
ラム…10g
ドライプルーン
　（種なし、フランス・アジャン産）…200g

【生地】
全卵…40g
ハチミツ（ラベンダー）…210g
溶かしバター（「森永発酵バター」森永乳業）*1
　…70g
牛乳…40g
ヴェルジョワーズ…20g

A*2
｜中力粉（「シャントゥール」
　　日東富士製粉）…140g
｜ライ麦粉（「ブロッケン」大陽製粉）…40g
｜重曹…7g
シナモンパウダー…4g
クローブ、カルダモン、ジンジャー、ナツメグ
　（すべてパウダー）…各適量（各1.5～2gが目安）

【グラス・ア・ラ・ベルガモット】
フォンダン…100g
水アメ…60g
シロップ（ボーメ30°）…40g
ベルガモットのエッセンス
　（「天然ベルガモットエキス」ユーロヴァニーユ）
　…適量

*1：人肌に温めておく。
*2：合わせてふるっておく。

コンポート・ド・プリュノー

水とグラニュー糖を鍋に入れて火にかけ、沸騰させる。火から下ろし、ラム、ドライプルーンを加える。室温で冷ましたのち、冷蔵庫に一晩おく。写真はできあがり。

生地

1 ボウルに全卵を入れて泡立て器で溶きほぐす。混ぜながら、人肌に温めたハチミツを注ぎ入れる。

2 1を泡立て器で混ぜながら溶かしバターを注ぎ入れ、なめらかに乳化するまで混ぜる。

3 牛乳を加え混ぜ、ヴェルジョワーズも加えて混ぜ溶かす。ダマがなくなればOK。

4 Aを加え、ざっと混ぜる。

5
スパイス類をすべて加えて、泡立て器ですり混ぜる。スパイスが全体に行きわたったらゴムベラにかえ、生地が均一な状態になるまで混ぜる。

6
オーブンシートを敷いた天板に直径6cm、高さ4cmのセルクルを並べる。網にあけて汁気をきったプルーンをペティナイフで半分に切り、1切れずつ入れる。

7
丸口金(口径18mm)をつけた絞り袋に5を詰め、ぐるりと円を描きながらプルーンを隠すように型の1/5程度の高さまで絞り入れる。

8
180℃のオーブンで約30分焼く。そのまま室温で冷ます。

9
型と生地の間にペティナイフをさし込んで一周回す。

10
生地を型からはずす。

グラス・ア・ラ・ベルガモット

1
フォンダン、水アメ、シロップを鍋に入れ、弱火にかける。半透明になり、塗りやすいかたさになるまで木べらで混ぜながら温める。人肌程度の温度が目安。

2
ベルガモットのエッセンスを加え、木ベラで混ぜる。

仕上げ

1
生地の上面にグラス・ア・ラ・ベルガモットをハケで塗り、天板に並べる。

2
和天板(高さのある天板)を裏返し、その上に1を天板ごとのせて、180℃のオーブンでグラスが乾くまで約2分焼く。

ケイク オ フリュイ／Ryoura(リョウラ)　菅又亮輔

Cake aux Fruits

焼成時にドライフルーツの洋酒漬けから出る水分を計算して粉の量を多めにし、しっかりと焼き込むことで口溶けよく軽やかな仕上がりに。ドライフルーツをどっさり使った華やかなデコレーションで見た目のインパクトも高めている。

材料（15.5cm×5cm×高さ4cmのパウンド型・9台分）

【ドライフルーツの洋酒漬け】
（つくりやすい分量）
サルタナレーズン…816g
セミドライアプリコット…288g
セミドライイチジク…168g
プラム（5mm角に切る）…168g
オレンジのシロップ煮
　（5mm角に切る）…168g
カレンズ…96g
アーモンド（皮付き、ホール）…100g
ヘーゼルナッツ（半割）…100g
クルミ…90g
レモンのピュレ…12g
グラニュー糖…144g
キルシュ…192g
ウォッカ…60g
ラム（ネグリタラム）…60g

【生地】
バター…308g
粉糖…271g
シナモンパウダー…7.7g
トリモリン（転化糖）…33g
アーモンドパウダー（皮なし）…42g
全卵…213g
卵黄…71g
A*1
　薄力粉（「バイオレット」日清製粉）
　　…313g
　ベーキングパウダー…6.25g
ドライフルーツの洋酒漬け
　…左記より754g
B*2
　キルシュ…80g
　ラム（ネグリタラム）…32g
　ウォッカ…26g

【仕上げ】（1台あたり）
ドライイチジクのシロップ煮*3
　（白・輪切り）…2枚
ドライイチジクのシロップ煮*3
　（黒・半割）…2個
プルーンの赤ワイン煮*4（半割）
　…3個
オレンジのシロップ煮*5（輪切りを
　1/4に切る）…2枚
セミドライアプリコット…3枚
ヘーゼルナッツ（半割）…2個
アーモンド（ホール）…1個
ピスタチオ…1粒
アンズのコンフィチュール…適量

＊1：合わせてふるっておく。
＊2：混ぜ合わせておく。
＊3～5：いずれも沸かしたシロップに切った具材を入れ、再沸騰後2～3分煮てつくる。シロップは、＊3はボーメ30°のもの、＊4はオレンジジュース（450ml）とグラニュー糖（500g）、＊5は赤ワイン（100ml）とグラニュー糖（30g）を合わせたもの。

ドライフルーツの洋酒漬け

1
サルタナレーズン、セミドライアプリコット、セミドライイチジクは沸騰した湯でゆでてもどし、水気をきって5mm角に切る。その他の材料とともに密閉容器に入れ、冷蔵庫で3～4ヵ月ねかせる。写真のようにきざんで使う。

ドライフルーツとナッツは隙間ができないように重ね合わせてのせ、立体的に美しくデコレーションする。

生地

1
ミキサーボウルにバターを入れ、低速のビーターで撹拌する。写真のようにポマード状になったら、粉糖を加えてさらに混ぜる。

2
低速で混ぜながら、シナモンパウダー、トリモリン、アーモンドパウダーを順に加え、そのつどなじませる。写真は混ぜ終わり。

3
全卵と卵黄を合わせて湯煎にかけ、かき混ぜながら人肌程度に温め、濾す。

4
2のミキサーボウルに3の約1/3量を加え、低速で混ぜる。なじんだら、再度くりかえす。

5
Aを大さじ2杯ほど取り分け、4に加えて低速で混ぜる。適度に生地がしまったら3の残りを加える。

6
低速で混ぜ、なじんだらドライフルーツの洋酒漬けを加える。

7
生地ときれいになじむまで低速で混ぜる。

8
Aの残りを加える。

9
写真のように粉がなじむまで低速で軽く混ぜる。

10
ボウルに移してゴムベラで軽く混ぜ合わせ、均一な状態にする。

11
絞り袋に詰め、オーブンシートを敷いた型に220gずつ絞り入れる。

12
表面をならし、型の底を作業台に2〜3回打ちつけて空気を抜く。

13
155℃のコンベクションオーブンで40分焼く。焼き上がったら熱いうちに型からはずし、網にのせる。

14
Bを1台につき15gずつ、表面にだけうつ。冷めたらラップフィルムで包み、冷蔵庫で3日間ねかせた後に冷凍保存する。

仕上げ
冷凍保存した生地を冷蔵庫において解凍する。表面にアンズのコンフィチュールを塗り、ドライフルーツとナッツを飾る。

ブルグテアター リンツァートルテ／Lilien Berg（リリエンベルグ）　横溝春雄

Burgtheater Linzer Torte

ザッハトルテのクラムとたっぷりのナッツを使った生地に赤スグリのコンフィチュールをはさんだトルテ。修業先の「デメル」のレシピをもとにしている。コンフィチュールが生地にしみないようオブラートを敷いているのは、きれいな層をつくるために考え出した手法。

材料(直径18cmの丸型・2台分)

アーモンド(皮付き)*1…225g
ヘーゼルナッツ*2…75g
A
　ザッハトルテのクラム(解説省略)
　　…150g
　スイートチョコレート(「レガート」
　　オペラ／カカオ分56%)*3…75g
　カカオパウダー*4…15g
　薄力粉(「スーパーバイオレット」
　　日清製粉)*5…125g
　シナモンパウダー*6…0.4g
　塩…0.4g

発酵バター…200g
バター…150g
グラニュー糖…160g
全卵*7…2個
卵黄*8…1個
オブラート(直径9cm)…12枚
赤スグリのコンフィチュール*9
　…300g
アーモンド、ヘーゼルナッツ、
　ピスタチオ*10…各適量

*1、2:180〜190℃のオーブンで25〜30分ローストし、黒く変色したものを取り除いてから計量。変色したものは酸敗している。
*3:きざんでおく。
*4〜6:合わせてふるっておく。
*7、8:全卵と卵黄は混ぜ合わせておく。
*9:赤スグリ(冷凍・ピュレ・1kg)、グラニュー糖(600g)、ペクチン(14g)を炊き、糖度70度に仕上げたものを使用。
*10:アーモンドは軽くローストしたホール、それを粗くきざんだもの、軽くローストしたアーモンドスライスを使用。ヘーゼルナッツは軽くローストして半割りにしておく。ナッツはロースト後、黒く変色しているものがあれば取り除いてから使う。

1
アーモンドとヘーゼルナッツは粗くきざみ、Aの材料と合わせておく。写真手前の中央がきざんだナッツ。

2
ミキサーボウルに発酵バターとバターを入れ、中速のビーターで混ぜ、グラニュー糖を2回に分けて加え、そのつど溶けるまで混ぜる。

3
全卵と卵黄を合わせたものを少しずつ加えながら、中速で混ぜる。ボウルに移す。

4
1を加え、ゴムベラで軽く混ぜる。

5
全体がなじんだら混ぜ終わり。

6
丸口金(口径10mm)を付けた絞り袋に5を詰め、底にオーブンシートを敷いた型に300g絞り入れる。オブラートを3枚のせる。

7

縁から1cm弱ほどを残し、赤スグリのコンフィチュールを150g絞る。オブラートを3枚のせる。

8

ふたたび5を300g絞り入れる。

9

表面をカードでならす。

10

アーモンド、ヘーゼルナッツ、ピスタチオを飾り、160〜170℃のオーブンで約35分焼く。

直径6cmのアルミケースで焼いたプチサイズ(260円)。飾りのナッツは粗くきざんだアーモンドのみで、仕上げに粉糖をふっている。

> POINT
>
> 生地のベースとなる2種類のナッツは、香ばしい風味を生かすため、使う当日にローストする。ロースト後に生地に混ぜ込んで、さらに焼成するため、ローストの段階では香ばしさを引き出しつつも焼きすぎないように注意。割ると中がほんのり色づいているくらいが目安。

> POINT
>
> 生地にクラムを使っており、ナッツがたっぷり入るため、焼き上がりがかたくなることはない。よって、バターとグラニュー糖を混ぜる際には空気をたっぷり含ませないでよい。バターを泡立ててしまうと膨らみすぎ、焼成後の沈みが大きくなるので、むしろ混ぜすぎには注意する。

テリーヌ・ドートンヌ／Maison de Petit Four（メゾン・ド・プティ・フール）　西野之朗

Terrine d'Automne

チョコレート、オレンジ、スパイスの3種の生地を重ねたケーク。
発想は、フランス料理のテリーヌから。"秋のテリーヌ"の名の通り、
クリのコンフィやキャラメルがけしたヘーゼルナッツなどの秋の実
りを思わせる素材を入れ、濃厚で贅沢な味わいに。

○ 材料(23cm×7.5cm×高さ6.5cmのケーク型・1台分)

【ケーク・ショコラ】
バター(ポマード状)…45g
スイートチョコレート
　(「コンキスタドール」森永商事/
　カカオ分66%)*1…36g
純粉糖(ふるう)…34g
トリモリン(転化糖)…4g
全卵…45g
生クリーム(乳脂肪分35%)…18g
A*2
｜薄力粉(「アンシャンテ」
｜　日清製粉)…29g
｜ベーキングパウダー…1g

【ケーク・カラメル・オランジュ】
バター(ポマード状)…33g
上白糖…26g
トリモリン(転化糖)…3g
全卵…25g
キャラメルソース*3…12g

B*4
｜薄力粉(「アンシャンテ」
｜　日清製粉)…28g
｜ベーキングパウダー…0.5g
オレンジのコンフィ*5…78g

【ケーク・エピス】
バター(ポマード状)…58g
上白糖…46g
トリモリン(転化糖)…5.5g
全卵…45g
カラメル色素…0.8g
C*6
｜薄力粉(「アンシャンテ」
｜　日清製粉)…49g
｜ベーキングパウダー…0.8g
｜シナモンパウダー…0.6g
｜ナツメグパウダー…0.3g
｜クローヴパウダー…0.3g

【仕上げ】
マロンのコンフィ(市販品)…適量
パート・フィロ…適量
ヘーゼルナッツのキャラメリゼ*7
　…適量
プルーン(セミドライ)…適量
グラン・マルニエ…適量

*1：溶かして約40℃に調整しておく。
*2、4、6：それぞれ合わせてふるっておく。
*3：鍋にグラニュー糖(225g)と水アメ(120g)を入れて火にかけ、全体が茶色く色づいたら、沸騰させた生クリーム(乳脂肪分35%・285g)、バニラ・エキストラクト(12g)、トリモリン(120g)を加え混ぜ、漉して常温で冷ます。
*5：市販品をグラン・マルニエ(適量)に1週間ほど漬け、3mm角に切ったもの。
*7：鍋にグラニュー糖(225g)と少量の水を入れて108℃になるまで煮詰め、ローストしたヘーゼルナッツ(皮なし・1kg)を加え混ぜる。茶色く色づき、ツヤが出てきたら火からおろし、バター(50g)を混ぜる。サラダ油(分量外)を塗った天板に広げて冷ます。

ケーク・ショコラ

1
ボウルにバターを入れ、溶かしたチョコレートを加えて空気を含ませないように泡立て器で混ぜる。

2
ふるった純粉糖、トリモリンを順に加え、そのつどすり混ぜる。全卵を3回に分けて加え混ぜ、生クリームを混ぜる。

3
Aを加えて粉気がなくなるまで混ぜる。途中でカードに持ち替えて底から持ち上げるようなイメージで混ぜる。

ケーク・カラメル・オランジュ

1
ボウルにバターを入れて泡立て器で混ぜ、上白糖、トリモリンを順に加え、そのつどすり混ぜる。全卵を3回に分けて加え混ぜる。

2
キャラメルソースを加え混ぜ、続けてBとオレンジのコンフィを加え混ぜる。途中でカードに持ちかえてしっかりと混ぜる。

ケーク・エピス

ケーク・カラメル・オランジュの1と同様に材料を混ぜる。カラメル色素とCを加え混ぜ、カードにかえてしっかりと混ぜる。

仕上げ

1
型に離型油（分量外）をスプレーしてオーブンシートを敷く。丸口金（口径14mm）を付けた絞り袋にケーク・ショコラを詰め、200g絞り入れる。

2
マロンのコンフィを生地の中央に一直線になるように並べる。

3
パート・フィロを隙間のないように重ねる。

4
ケーク・カラメル・オランジュを1と同じ要領で200g絞り入れる。ヘーゼルナッツのキャラメリゼを並べる。パート・フィロを隙間のないように重ねる。

5
ケーク・エピスを1と同じ要領で200g絞り入れる。プルーンを生地の中央に一直線になるように並べる。冷蔵庫に12時間ほどおく。

6
裏面に離型油をスプレーし、オーブンシートを貼り付けた蓋をかぶせて、180℃で1時間焼く。蓋をはずして、さらに30分焼成する。

7
焼き上がったらすぐに型からはずし、底面を下にして網に置き、グラン・マルニエを上面と側面にスプレーで吹き付ける。

POINT
バター、卵、生クリーム、チョコレートなど、すべての材料の温度帯を合わせると、スムースにしっかりと乳化する。重厚感のあるしっとりとした生地に仕上げるため、混ぜる際は泡立て器ですり混ぜるようにして空気を含ませすぎないこと。

POINT
生地と生地の間にパート・フィロをはさむと、焼成中の生地の対流を防ぐことができ、美しい層に仕上がる。生地とのなじみがよく、パート・フィロ自体の食感がなくなるのもメリットだ。生地が混ざり合わないように隙間なく敷くこと。

ブルジャネット／Pâtisserie Rechercher(パティスリー ル シェルシェ) 村田義武

Bourjassotte

ビオレ・ソリエスという品種の濃厚な味わいの黒イチジクを赤ワイン煮にし、シナモンをきかせたカカオ生地の中央にしのばせたケーク。発想はスパイス入りの生地でジャムをはさんで焼くリンツァートルテから。イチジクはスパイスと相性がよいことから思いついた仕立て。

○ 材料(22.5cm×7.6cm×高さ5cmのレーリュッケン型・2台分)

【ガナッシュ】
スイートチョコレート(「エクアトゥール」カオカ／カカオ分70%)…200g
牛乳…100g
生クリーム(乳脂肪分35%)…100g

【黒イチジクの赤ワイン煮】
黒イチジク(ビオレ・ソリエス種)…4kg
赤ワイン…適量
水…適量
グラニュー糖…約400g
オレンジ…1/2個
バニラビーンズ…1〜2本
シナモンスティック…1〜2本

【生地】
バター(ポマード状)…250g
A
　三温糖…160g
　塩…3g
全卵…150g
B*
　薄力粉(「スーパーバイオレット」日清製粉)…128g
　ヘーゼルナッツパウダー…50g
　カカオパウダー…18g
　シナモンパウダー…10g
ガナッシュ…左記全量
黒イチジクの赤ワイン煮…左記より適量

*：合わせてふるっておく。

ガナッシュ

1 鍋に材料をすべて入れて沸かし、チョコレートを溶かす。スティックミキサーで撹拌して乳化させ、ボウルに移す。

2 表面にラップフィルムを密着させて覆い、常温に一晩おく。

イチジクの赤ワイン煮

1 黒イチジクはヘタを落として鍋に入れる。赤ワインと水を2：1の割合でひたひたに注ぎ、グラニュー糖、オレンジ、バニラビーンズ、シナモンスティックを加える。

2 グラニュー糖を加え、汁気がなくなるまで中火で煮詰める。途中、オレンジはやわらかくなったら取り出す。

3 煮汁ごと天板にあけ、160℃のオーブンに1時間入れる。途中、何回か取り出し、煮汁をスプーンで黒イチジクに回しかける。

仕上げ

1 ミキサーボウルにバターを入れ、低速のビーターで撹拌してかたさを均一にする。Aを合わせて加え、低速で混ぜる。

2 1が混ざったら、全卵の2/3量、Bの1/5量、全卵の残りを順に加え、そのつど低速で撹拌する。混ざったらBの残りを一気に加えて低速で撹拌する。

3 2を丸口金(口径9mm)を付けた絞り袋に詰める。テフロン加工のレーリュッケン型の底に縦4本に絞り、作業台に打ちつけて生地をならす。

4

3で絞った生地の上に、さらに型の縁に沿って生地を絞る。このあと絞るガナッシュが流れにくいよう、口金を近づけて生地と生地を密着させて絞るとよい。

5

ガナッシュを丸口金(口径9mm)をつけた絞り袋に詰め、4の中央に縦に3本絞る。口金を浮かせぎみにし、ガナッシュを生地に置くように絞るとよい。

6

黒イチジクの赤ワイン漬けは半分に切り、5のガナッシュの上にぎっしりと並べる。

7

6の上に蓋をするように生地を絞る。4と同様に口金を近づけて生地と生地が密着するように絞る。

8

スプーンの背で表面をならす。

9

160℃のコンベクションオーブンで15分焼き、天板の前後を返して、さらに15分焼く。

10

シルパットの上にひっくり返して型から抜き、そのまま冷ます。

レギャル・サヴォワ／
Éclat des jours pâtisserie（エクラデジュール パティスリー）　中山洋平

Régal Savoie

修業先のフランス・オートサヴォワ地方の「パトリック・シュヴァロ」で習った焼き菓子。ふっくらとしたビスキュイ生地にはヘーゼルナッツがたっぷり。カリッとしたパート・シュクレとの間にフランボワーズのコンフィチュールをはさむ。オートサヴォワの特産品を使った一品。

ボベス／La Vieille France(ラ・ヴィエイユ・フランス)　木村成克

Bobes

バターがたっぷりと入ったサクサクと軽めのパート・シュクレにナッツ、レーズン、オレンジコンフィを巻き込んだアルザス地方の菓子。上にのったシナモン風味の大きなシュトロイゼルが食感と香りにアクセントを添える。

Régal Savoie

レギャル・サヴォワ／
Éclat des jours pâtisserie（エクラデジュール パティスリー）　中山洋平

○ 材料（90個分）

【パート・シュクレ】
バター…360g
アーモンドパウダー（皮付き）
　　…240g
全卵…120g
A*
　準強力粉（「ラ・トラディション・
　　フランセーズ」ミノトリー・
　　ヴィロン）…600g
　粉糖…240g
　塩…3g

【ビスキュイ生地】
卵白…300g
乾燥卵白…12.5g
グラニュー糖…250g
卵黄…200g
薄力粉（「バイオレット」日清製粉）
　　…175g
ヘーゼルナッツパウダー…100g

【仕上げ】
フランボワーズのコンフィチュール
　　（p.83）…800g
ヘーゼルナッツ（粗くきざむ）
　　…200g
粉糖…適量

＊：合わせてふるっておく。

○ つくり方

【パート・シュクレ】

1 ミキサーボウルにバターを入れ、低速のビーターでダマがなくなめらかな状態にする。

2 アーモンドパウダーを加えて低速で混ぜる。

3 均一な状態に混ざったら、全卵とAを順に加え、そのつど低速でしっかりと混ぜる。

4 ビニールに包み、シーターを通せる厚みの正方形にととのえ、冷蔵庫に一晩おく。

5 翌朝、シーターにかけて厚さ3mmにのばす。

6 60cm×40cmのカードルで抜く。カードルごと天板にのせて160℃のコンベクションオーブンに入れ、表面が薄いキツネ色になるまで約14分焼く。網の上で冷ます。

【ビスキュイ生地】

1 ミキサーボウルに卵白、乾燥卵白、グラニュー糖を入れ、高速でツノが立つまでしっかりと泡立ててメレンゲをつくる。

2 ミキサーからはずし、卵黄を溶きほぐして加える。ゴムベラでさっくりと混ぜる。

3 マーブル状に混ざったら、合わせてふるった薄力粉とヘーゼルナッツパウダーを加え、ゴムベラで粉気がなくなるまでさっくりと切り混ぜる。

【仕上げ】

1 パート・シュクレの上にフランボワーズのコンフィチュールを薄く塗り広げる。

2 1のコンフィチュールの上にビスキュイ生地を流し入れ、表面を平らにならす。ヘーゼルナッツをまんべんなくちらし、粉糖をふる。

3 上火200℃・下火170℃のオーブンで40分焼く。天板からはずして網の上で冷まし、3.5cm×6cmに切り分ける。

POINT

ビスキュイ生地をつくる際、メレンゲに卵黄や粉類を加えるときは、泡が消えたりつぶれたりしないようにさっくりと切り混ぜるとふんわりとした生地になる。

Bobes

ボベス／La Vieille France（ラ・ヴィエイユ・フランス）　木村成克

◯ 材料(18個分)

【パート・シュクレ】
（できあがりより1kg使用）
発酵バター…283g
純粉糖…142g
全卵…113g
A*1
　薄力粉（「オルガン」
　　日東富士製粉）…283g
　プードル・ア・クレーム
　　…170g
　ベーキングパウダー…6.8g
　塩…1.2g

【シュトロイゼル・カネル】
（でき上がりより180g使用）
発酵バター（ポマード状）…200g
塩…3g
純粉糖…160g
B*2
　薄力粉（「オルガン」
　　日東富士製粉）…333g
　シナモンパウダー…6.6g

【仕上げ】
レーズン…740g
クルミ…300g
アーモンド（皮付き、16分割、
　スペイン産マルコナ種）…300g
オレンジの砂糖漬け（5mm角）
　…150g
マジパン・ローマッセ
　（水でのばしたもの）*3…180g

*1、2：それぞれ合わせてふるっておく。
*3：マジパンローマッセ1kgを低速のビーターで混ぜてやわらかくし、水230〜250gを少しずつ加えてのばしたもの。

◯ つくり方

【パート・シュクレ】

1
ミキサーボウルに発酵バターと純粉糖を入れ、低速のビーターで混ぜる。

2
混ざったら、溶いた全卵を3〜4回に分けて少しずつ加え混ぜる。

3
Aを一気に加え混ぜる。

4
粉気がなくなったらひとまとめにし、四角く形をととのえてからシーターにかけて厚さ3〜4cmにのばす。冷蔵庫に一晩おく。

【シュトロイゼル・カネル】

1
ミキサーボウルに発酵バターを入れて低速のビーターで混ぜ、塩を加え混ぜる。

2
純粉糖を加え混ぜる。

3
Bを加え、粉気がなくなり、ひとまとまりになるまで混ぜる。ミンサーにかけて手でほぐし、8mmの粒状にする。ミンサーがなければ粗めの裏漉し器にかける。

4
冷凍保存し、冷凍のまま使う。1ヶ月保存可能。

【仕上げ】

1
パート・シュクレを4等分する。

2
シーターでそれぞれ29cm×59cm、厚さ4mmにのばす。冷蔵庫に30分以上おき、かたくなったら取り出す。

3
レーズン、クルミ、アーモンド、オレンジの砂糖漬けを混ぜ合わせる。

4
2の表面に水でのばしたマジパン・ローマッセを塗り、3をちらし、手前からくるくると巻く。

5
ショックフリーザーに1時間ほど入れ、生地がかたくなったら、幅3cmに切る。

6
表面に溶き卵（分量外）を塗り、シュトロイゼル・カネルをのせ、手でおさえて密着させる。

7
天板に並べ、200℃のコンベクションオーブンで10分、170℃にしてさらに50分焼く。網の上で冷まし、冷めたら純粉糖（分量外）をふる。

> **POINT**
> 生地はのばす前にしっかりと冷やしてかたくしておくこと。バターが多くてやわらかい生地なので、冷やしてしめないとだれてしまってきれいに巻けない。

ダコワーズ／L'automne（ロートンヌ）　神田広達

Dacquoise

生地の食感と、クリームの味わいにこだわってつくりあげたダックワーズ。生地の外側はサクッと軽やかだが、中はしっとり。食感のコントラストが楽しいと人気の一品だ。はさんだクリームは自家製プラリネとバタークリームを合わせたもの。自家製プラリネの濃厚な香りが味わいの要。

エンガディナー／Lilien Berg（リリエンベルグ）　横溝春雄

Engadiner Torte

クルミ入りのキャラメルをサブレ生地ではさんだスイス・エンガディーヌ地方の名菓。もともとは大きなタルト状に焼いて切り分けるが、サブレ生地でキャラメルをくるみ、小さな型で焼き上げる仕立てに。キャラメルがしみた生地が味わい深い。

Dacquoise

ダコワーズ／L'automne(ロートンヌ)　神田広達

◯ 材料(70個分)

【生地】
アーモンドパウダー(皮付き)
　…300g
粉糖…300g＋適量
薄力粉…50g
卵白…500g
乾燥卵白…15g
グラニュー糖…150g

【クリーム】
イタリアンメレンゲ
　｜グラニュー糖…70g
　｜水…20g
　｜卵白…46g
バター…180g＋100g
パータボンブ
　｜加糖卵黄(20％加糖・凍結)
　｜　…11g
　｜グラニュー糖…19g
　｜水…9g
自家製プラリネ＊…200g

＊：グラニュー糖(400g)とその1/3量の水を合わせて火にかけ、シロップをつくる。アーモンド(200g)、ヘーゼルナッツ(200g)とともに鍋に入れ、中火で混ぜながら熱する。シロップが色づき、カラメル状になったら火から下ろして冷まし、フードプロセッサーにかけてペースト状にする。

◯ つくり方

【生地】

1
アーモンドパウダー、粉糖(300g)、薄力粉を合わせてふるう。

2
ミキサーボウルに卵白、乾燥卵白、グラニュー糖を入れ、中高速のホイッパーで9～10分立てにする。

3
ボウルに移し、1を加えてゴムベラで切り混ぜる。

4
しっかりと混ざったら丸口金(口径12mm)をつけた絞り袋に詰め、ダコワーズ用のシャブロン型に絞り出す。パレットナイフで表面をならし、余分な生地をすりきる。

5
型をはずし、粉糖(適量)をふって約5分おく。粉糖が溶けたら、ふたたび粉糖をふってさらに約5分おく。

6
170℃のオーブンで14分焼き、天板からはずして網の上で冷ます。

【クリーム】

1
イタリアンメレンゲをつくる。
①グラニュー糖と水を合わせて沸かし、118℃に熱する。
②ミキサーボウルに①と卵白を入れ、高速のホイッパーで10分立てに泡立てる。

2
イタリアンメレンゲの粗熱がとれたらバター(180g)を加え、高速で泡立て、しっかりと空気を含ませる。

3
パータボンブをつくる。
①ミキサーボウルに材料をすべて入れ、弱めの直火か湯煎にかけて83℃まで熱する。
②高速のホイッパーでもったりするまで泡立てる。

4
パータボンブの粗熱がとれたらバター(100g)を加え、高速で混ぜてしっかりと空気を含ませる。

5
4に2と自家製プラリネを加え、高速のホイッパーでしっかりと混ぜ合わせる。

【仕上げ】
生地1枚にクリーム8～9gを絞り出し、もう1枚の生地ではさむ。

POINT
生地を型に流し込んだ後にふる粉糖の量は5分ほどおくとちょうど溶けるくらいの量が適量。

POINT
生地を型に入れるときにはなるべく手数を減らし、生地にさわりすぎないようにする。さわりすぎると気泡が減り、生地がふっくらと美しくふくらまない。

Engadiner Torte

エンガディナー／Lilien Berg（リリエンベルグ）　横溝春雄

○ 材料（7cm×4.5cm×高さ1.7cmのオーバル型・15〜18個分）

【パート・サブレ】
バター…170g
ショートニング…30g
グラニュー糖…100g
バニラエキストラクト…適量
全卵…1/2個分
A*
　薄力粉（「スーパーバイオレット」
　　日清製粉）…300g
　ベーキングパウダー…3g

【エンガディナーマッセ】
B
　生クリーム（乳脂肪分45％）
　　…50g
　ハチミツ…75g
　水アメ…12g
　バター…20g
　グラニュー糖…50g
バニラビーンズ…1/2本
クルミ…110g

＊：合わせてふるい、冷蔵庫で冷やしておく。

○ つくり方

【パート・サブレ】

1
ボウルにバター、ショートニング、グラニュー糖、バニラエキストラクトを入れ、泡立て器ですり混ぜる。

2
全卵を溶きほぐし、1に少しずつ加えながらすり混ぜて、しっかりとつなげる。

3
Aを加え、ゴムベラで切り混ぜる。ひとまとめにしてビニール袋に入れ、冷蔵庫で3時間冷やす。

【エンガーディナーマッセ】

1
鍋にBを入れ、バニラビーンズのさやからこそげた種を加える。火にかけて混ぜながらバターを溶かし、溶けたら混ぜるのをやめ、煮詰める。

2
夏期は120℃に、冬期は118℃になったら火から下ろし、鍋底を氷水に当てて冷ます。

3
クルミを粗くきざんでボウルに入れ、2を注いで混ぜる。冷蔵庫で冷やしかためておく。

【仕上げ】

1
冷やしておいたエンガディナーマッセを台の上で転がし、直径4.5cmの棒状にととのえる。ラップフィルムでぴったりと包み、軽く押しつぶして楕円形にし、冷蔵庫で30分〜1時間冷やしかためる。

2
1を1cm幅に切る。

3
パート・サブレのうち500gを、厚さ6mmほどにのばす。

4
オーバル型を並べ、3の生地をのせる。麺棒を転がして生地を抜き、生地を指で押さえて型の隅までしっかりと敷き込む。

5
2を4の型に入れる。

6
パート・サブレの残りと、4の残り生地を合わせ、厚さ4mmにのばす。

7
5の型を並べ、上に6の生地をのせる。麺棒を転がして生地を抜き、上から押さえて、敷いた生地とのせた生地をくっつける。

8
溶き卵（分量外）を塗り、乾いたら再度塗る。

9
170℃のオーブンで30〜40分焼く。

POINT

エンガーディナーマッセを煮詰める際は、材料すべてが混ざった後はかき混ぜない。かき混ぜると結晶化してしまい、なめらかな状態にならない。

POINT

大きく焼いて切り分ける本来のつくり方だと夏期はエンガーディナーマッセがだれて断面から流れ出してしまう。生地でくるみ、露出させないことで、一年中販売できる上に個包装にも向く仕立てに。

POINT

仕上げの卵黄は二度塗りして厚めに塗る。そうしないと、焼成中に表面がひび割れてしまう。

フロランタン／W. Boléro（ドゥブルベ・ボレロ）　渡邊雄二

Florentine

ローストしたナッツ数種を大ぶりなまま使い、その味わいと食感を最大限に生かした仕立てに。キャラメルは、ナッツによくからむよう、あらかじめ焦がして煮詰めている。最終の焼きでベストな状態になるよう、生地の空焼きの加減とヌガーの焦がし具合を調整するのがポイント。

プチシトロン／Ryoura（リョウラ）　菅又亮輔

Petit Citron

夏限定のレモン味のミニケーク。春は桜、秋はクリなど、季節によって素材を変えている。生クリームやバターを配合したリッチな生地は、ふんわり、しっとりとした口溶け。生地の甘みときゅっと酸っぱいレモンのグラス・ア・ローとの鮮やかな味わいのコントラストが醍醐味。

Florentine

フロランタン／W. Boléro（ドゥブルベ・ボレロ）　渡邊雄二

○ 材料（直径5cm×深さ1.5cmのシリコン型・100個分）

【パート・シュクレ】
発酵バター…300g
純粉糖…190g
ゲランドの塩（細粒）…3.5g
バニラシュガー…6g
粗挽きアーモンドパウダー
　（皮なし）*1…60g
全卵…138.6g
A*2
　薄力粉（「エクリチュール」
　日清製粉）…250g
　薄力粉（「いざなみ」近畿製粉）
　　…250g

【ヌガー】
生クリーム（乳脂肪分47％）
　…380g
発酵バター（溶かす）…150g
ハチミツ…65g
水アメ…120g
グラニュー糖…400g
クルミ*3…160g
アーモンド
　（皮付き・ホール）*4…160g
ピスタチオ*5…150g
ヘーゼルナッツダイス*6…110g

*1：シチリア産パルマギルジャンティ種を使用。
*2：合わせてふるっておく
*3：ほんのり色づく程度にローストして手で半分に割っておく。
*4：シチリア産パルマギルジャンティ種を使用。100℃～120℃のコンベクションオーブンに1時間入れて乾燥させた後、150℃にして芯がやや茶色になるまでローストする。
*5：湯むきしてから90℃のコンベクションオーブンで乾燥させる。
*6：ほんのり色づく程度にローストしてきざんでおく。

○ つくり方

【パート・シュクレ】

1
ミキサーボウルに発酵バター、純粉糖、ゲランドの塩、バニラシュガーを入れ、低速のビーターで空気を含ませすぎないように気をつけながら、均一な状態になるまで混ぜる。

2
アーモンドパウダーを加えて低速で混ぜる。均一に混ざったら全卵を3回に分けて加えてそのつど低速で混ぜる。卵が混ざりきらないうちにミキサーを止める。

3
Aを加え、練りすぎないよう低速で混ぜ合わせる。

4
バットにビニールを敷き、3を移す。厚さ1cmにのばしてビニールで包み、冷蔵庫に一晩おく。

5
ビニールをはずし、シーターで厚さ2mmにのばす。直径5cmの丸抜き型で抜く。

6
5を鉄製の天板に並べる。190～200℃に余熱したコンベクションオーブンに入れてすぐに155℃にし、芯に火が通るまで焼く。天板にのせたまま常温におき、粗熱をとる。

【ヌガー】

1
鍋に生クリーム、発酵バター、ハチミツを入れてひと煮たちさせ、冷ましておく。

2
別の鍋に水アメを入れて弱火にかけ、少しずつグラニュー糖を加え、色づかないように気をつけて溶かす。

3
2のグラニュー糖が全て溶けたら火を強くして焦がす。

4
3に1を加え、108℃になったらナッツ類を加えてからめる。

5
熱いうちに直径5cmのシリコン型に15gずつ入れ、冷凍庫で凍らせる。

【仕上げ】

1
パート・シュクレを直径5cmの丸型で抜いて直径5cmのシリコン型の底に敷き、冷凍したヌガーを重ねる。

2
190～200℃に余熱したオーブンに入れてすぐに155℃にし、7分焼く。

POINT

ナッツが大きいので生地の上に均等に広げるのが難しい。そのため、あらかじめ煮詰めたキャラメルをナッツにからめ、パート・シュクレと同じ大きさの円形の型に入れて冷凍。かたまったものをパート・シュクレの上にのせて焼成している。ナッツが大きいこともあり、キャラメルがかたすぎると食べつかれるので、ほどよいかたさに調整することが重要。キャラメルが108℃になったときにナッツを加えるとベストなかたさに仕上がる。

Petit Citron

プチシトロン／Ryoura（リョウラ）　菅又亮輔

○ 材料（直径6cmの
　　半球シリコン型・50個分）

全卵…316g
グラニュー糖…440g
生クリーム（乳脂肪分35％）
　　…186g
ラム（ホワイト）…38g
レモンの皮の砂糖漬け（5mm角に
　きざむ）…158g
バター（ポマード状）…126g
A*
　薄力粉（「バイオレット」
　　日清製粉）…216g
　強力粉（「カメリア」日清製粉）
　　…86g
　フルール・ド・セル…0.2g
　ベーキングパウダー…12g

【仕上げ】
レモンのシロップ
　レモン果汁…20g
　シロップ（ボーメ30度）…84g
　水…16g
レモンのグラス・ア・ロー
　粉糖…210g
　レモン果汁…50g
　レモン濃縮果汁…5g

＊：合わせてふるっておく。

○ つくり方

【生地】

1
ミキサーボウルに全卵とグラニュー糖を入れ、弱めの直火か湯煎にかけて人肌に温める。ミキサーにセットして低速のビーターで白っぽくなるまで泡立てる。

2
鍋に生クリーム、ラム、レモンの皮の砂糖漬けを入れ、40℃くらいに加熱する。

3
1にバターを加え、低速で混ぜ合わせる。2を加えてさらに混ぜる。

4
Aを加え、粉気がなくなるまで混ぜ合わせる。

5
型に30～32gずつ流し入れ、155℃のコンベクションオーブンで24分焼く。

【仕上げ】

1
レモン果汁、シロップ、水を合わせて40℃まで温め、レモンのシロップをつくる。

2
生地が焼き上がったら、熱いうちにレモンのシロップをうつ。冷めたら冷凍庫に入れ、凍らせてから型をはずす。

3
レモンのグラス・ア・ローの材料を混ぜ合わせ、2にかける。

> POINT
>
> シロップをうった後、一度冷凍させると、型をきれいにはずすことができる。

レモンイエローの薄紙を敷き、ビニールで三角錐形にラッピングして販売。そのままプチギフトとしても使ってもらえるかわいらしさだ。薄紙は春の桜フレーバーのときは薄桃色、秋のクリのときは薄茶色に変えている。

グテ・ココ／Éclat des jours pâtisserie（エクラデジュール パティスリー）　中山洋平

Goûter Coco

たっぷり入ったココナッツのシャリシャリとした食感が楽しいドゥミ・セック。しゃばしゃばの生地の水分をココナッツに吸わせてもったりした状態になったところで焼成。中にはココナッツと相性のよいチョコレートをしのばせている。

アモール　ポレンタ（ポレンタ粉のケーキ）／
L'atelier MOTOZO（ラトリエ モトゾー）　藤田統三

Amor Polenta

北イタリアのかつての主食であったトウモロコシの粉を配合したバターケーキ。スパイス入りのリキュール「ストレーガ」を使うことで、生地の色が鮮やかな黄色になり、香りも加わる。ふんわり、しっとりとした生地と、香ばしいトウモロコシのプチプチとした食感のコントラストが楽しい。

Goûter Coco

グテ・ココ／Éclat des jours pâtisserie（エクラデジュール パティスリー）　中山洋平

○ 材料（直径6cmの
　半球シリコン型・32個分）

全卵…340g
グラニュー糖…285g
トリモリン（転化糖）…225g
ココナッツファイン…360g
牛乳…340g
溶かしバター…280g
A*1
　薄力粉（「バイオレット」日清製粉）
　　…225g
　ベーキングパウダー…12g
グラッサージュ・ショコラ*2…適量

*1：合わせてふるっておく。
*2：鍋に生クリーム（乳脂肪分35％）、グラニュー糖（200g）、水アメ（180g）、水（250g）を入れて沸かし、チョコレート（カカオ分66％・520g）を加える。チョコレートが混ざったら火からおろして常温で冷ます。

○ つくり方

1
ミキサーボウルに全卵、グラニュー糖、トリモリン、ココナッツファインを入れ、低速のビーターで混ぜる。

2
牛乳と溶かしバターを加えて低速で混ぜる。

3
Aを加えて低速で混ぜる。

4
常温に約1時間おく。

5
ココナッツファインが水分を吸い、生地がもったりとしてまとまってきたら、丸口金（口径10mm）をつけた絞り袋に詰め、型の高さの1/3まで絞り入れる。

6
グラッサージュ・ショコラを大さじ1ほど入れ、生地を型の高さの7分目くらいまで絞り入れる。

7
上火200℃・下火170℃のオーブンで24分焼く。

> POINT
>
> 混ぜる順番を守らないとダマになりやすい。また、生地を混ぜ終わったら、ココナッツファインがしっかりと水分を吸ってもったりするまで待ってから焼成すること。

Amor Polenta

アモール ポレンタ（ポレンタ粉のケーキ）／
L'atelier MOTOZO（ラトリエ モトゾー） 藤田統三

○ 材料（長さ30cmの レーリュッケン型*1・4台分）

バター（やわらかくしておく）…500g
粉糖（ふるう）…500g
塩…1g
全卵…300g
卵黄…250g
トウモロコシ粉（粗挽き）…400g + 適量
A*2
　小麦粉（00粉）…300g
　ベーキングパウダー…5g
　バニラパウダー…0.5g
ストレーガ*3…100g

*1：波状の凹凸のある型。半円柱形のものを使用。
*2：合わせてふるっておく。
*3：サフランで着色し、バニラやスパイスの香りをつけた黄色いリキュール。

POINT

卵の量が多い生地なので混ぜていると分離してくるが、トウモロコシ粉を加えると水分が吸収されて生地がまとまる。

○ つくり方

1
レーリュッケン型に澄ましバター（分量外）を塗り、トウモロコシ粉（適量）をまぶす。

2
ミキサーボウルにやわらかくしたバター、粉糖、塩を入れ、低速のビーターで混ぜる。混ざったら高速にして全体が白っぽくなるまで撹拌する。

3
全卵と卵黄を合わせ、2に少しずつ加えながら低速で混ぜる。8割ほど加えたら、トウモロコシ粉（400g）を一気に加えて低速で混ぜる。粉気のムラがなくなってきたら、残りの卵を加えて低速で混ぜる。

4
ミキサーからはずし、Aを加えて粉気がなくなるまでゴムベラでさっくりとすくい混ぜる。

5
ストレーガをゴムベラを伝わせて加え、軽く混ぜる。

6
1の型に流し入れ、180℃のオーブンで35〜40分焼く。

7
型に入れたまま常温に5〜10分ほどおき、縦方向に数回型をふってから生地をはずす。平らな面を下にして網に置き、粗熱をとる。

8
中央に細長く切ったクッキングシートをのせ、粉糖（分量外）をふり、シートをはずす。

子ぶたのマドレーヌ さくら／Lilien Berg（リリエンベルグ）　横溝春雄

Madeleine au Sakura

深さのある型でしっとりと焼き上げた春限定のマドレーヌ。サクラの葉の塩漬けを細かくきざんで生地に混ぜ込み、仕上げにサクラの花のシロップ漬けをあしらっている。商品名は「ふっくらとした形がまるで子ぶたの手のようだと思った」（横溝さん）ところから。

プチマドレーヌ／
La Vieille France(ラ・ヴィエイユ・フランス)
木村成克

Petite Madeleine

フランスで習った配合をベースにし、マジパン・ローマッセやトレハロース、トリモリンを加えてしっとりとした日本人好みの食感をプラス。焼き上がりは、中央がふっくらと膨らんで"へそ"ができる本場フランス流をしっかりと踏襲している。

パン ド ジェーヌ／
Blondir(ブロンディール)　藤原和彦

Pain de Gênes

豊かに広がるアーモンドの風味と、しっとり、軽やかな食感が特長の伝統菓子。ビター感のあるパート・ダマンド・クリュに卵やバターを加え、空気をたっぷり含ませてから焼くことで、軽やかで口溶けのよい食感に。ラム酒の香りが華やかさを添える。

Madeleine au Sakura

子ぶたのマドレーヌ さくら／
Lilien Berg（リリエンベルグ）　横溝春雄

○ 材料（長径7cm×短径6cm×高さ3cmのマドレーヌ型・23個分）

サクラの葉の塩漬け…6枚	薄力粉（「スーパーバイオレット」日清製粉）…240g
発酵バター…100g	紅花油…40g
バター…100g	サクラの花のシロップ漬け…23個
グラニュー糖…240g	アイシング（解説省略）…適量
ベーキングパウダー…3.6g	
全卵…4個	
バニラエキストラクト…適量	

○ つくり方

1
サクラの葉の塩漬けはぬるま湯で1枚ずつふり洗いして塩抜きする。紙で水気を拭き、芯を除いてみじん切りにする。

2
ボウルに発酵バター、バター、グラニュー糖、ベーキングパウダーを入れ、泡立て器ですり混ぜる。

3
白っぽくなり、もったりとしてきたら、溶きほぐした全卵を少しずつ加え、そのつど泡立て器でよくすり混ぜる。途中、バニラエキストラクトを加え混ぜる。

4
薄力粉を加え、ゴムベラでさっくりと切り混ぜる。

5
粉気がなくなったら、紅花油と1を加え、ゴムベラで混ぜ合わせる。

6
丸口金（口径15mm）をつけた絞り袋に詰め、型に36gずつ絞り入れる。

7
表面に霧吹きで水（分量外）を吹き、170℃のコンベクションオーブンで約20分焼く。

8
焼き上がったら型からはずし、網の上で冷ます。冷めたら、サクラの花のシロップ漬けをアイシングで貼り付ける。

Petite Madeleine

プチマドレーヌ／La Vieille France
（ラ・ヴィエイユ・フランス）　木村成克

○ 材料（長径4cm×短径3cmのマドレーヌ型・530個分）

全卵…725g	レモンの皮（すりおろし）…2.5個分
卵黄…175g	塩…5g
グラニュー糖…725g	A*
トレハロース…150g	薄力粉（「オルガン」日東富士製粉）…900g
マジパン・ローマッセ…500g	ベーキングパウダー…20g
トリモリン（転化糖）…125g	発酵バター…1kg
ハチミツ…125g	
レモンピールペースト（ハインリッヒ・カロー）…50g	

＊：合わせてふるっておく。

○ つくり方

1
ボウルに全卵と卵黄を入れて溶きほぐし、グラニュー糖とトレハロースを加えてよく混ぜる。

2
マジパン・ローマッセをフードプロセッサーにかけ、1を少しずつ加えてダマにならないように混ぜる。

3
トリモリン、ハチミツ、レモンピールペースト、レモンの皮、塩を加えて混ぜ合わせる。

4
3をボウルに移し、Aを3～4回に分けて加え、そのつどゴムベラでさっくりと混ぜ合わせる。

5
ボウルに入れたままひとまとめにして表面をビニールなどで覆い、涼しい場所（13～18℃くらい）に一晩おく。

6
ボウルを弱めの直火か湯煎にかけながら生地を手で混ぜ、人肌になったらはずす。湯煎で同じくらいの温度に温めた発酵バターを加え、混ぜ合わせる。

7
丸口金（口径6mm）をつけた絞り袋に詰め、型に8.5gずつ絞り出す。

8
190℃のコンベクションオーブンに入れ、160℃に下げて10～11分焼く。

Pain de Gênes

パン ド ジェーヌ／Blondir（ブロンディール）　藤原和彦

○ 材料（直径6.5cm × 高さ2cmの円型・30個分）

アーモンドスライス…適量
パート・ダマンド・クリュ
　（「ローマジパンMONA」
　　コンディマ）…300g
全卵…300g（約5個分）
粉糖…130g
A*1
　│中力粉（「シャントゥール」
　│　日東富士製粉）…60g
　│ベーキングパウダー…4g
溶かしバター（「森永発酵バター」
　森永乳業）*2…130g
ラム…25g

*1：合わせてふるっておく。
*2：温めておく。

POINT
粉をくわえた後は混ぜすぎると、気泡が失われて仕上がりがかたくなるので注意。混ざればOK。

○ つくり方

1
型の内側にポマード状にした発酵バターを塗り、強力粉をまぶす（ともに分量外）。底の中央にアーモンドスライスを数枚入れておく。

2
ミキサーボウルにパート・ダマンド・クリュを入れ、高速のビーターで撹拌を始める。すぐに全卵を1〜2個加え、なめらかになるまで混ぜる。

3
粉糖を加え、しっかり撹拌して空気を抱き込ませる。いったんミキサーから下ろし、ミキサーボウルやビーターについた生地を払い落とす。

4
再びミキサーにセットし、高速のビーターで撹拌する。残りの全卵を1〜2個ずつ加える。そのつど、空気を抱き込ませて白っぽくふんわりするまで泡立てる。

5
ミキサーボウルやビーターについた生地を払い落とし、再びミキサーにセットする。低速のビーターで撹拌し、A、溶かしバター、ラムを続けて順に加え混ぜる。

6
ミキサーから下ろし、カードでムラがなくなるまで混ぜる。

7
丸口金（口径18mm）をつけた絞り袋に6を詰め、1の型に半分の高さまで絞り入れる。

8
7を天板に並べ、190℃のオーブンで約30分焼く。

9
オーブンから出し、室温で冷ます。粗熱がとれたら、温かいうちにひっくり返して型からはずし、天板に並べる。

10
表面にハケでラム（分量外）をまんべんなく塗り、室温で冷ます。

ガトー・バスク／Maison de Petit four(メゾン・ド・プティ・フール)　西野之朗

Gâteau Basque

しっとりとした生地でコンフィチュールやクレーム・パティシエールを包んで焼くバスクの地方菓子をアレンジし、クレーム・ダマンドとラムレーズンをはさんだ日持ちのよい小さな焼き菓子に。ラム酒の香りが全体にほどよくまわり、しっとりとした大人の味わい。

バスケーズ・近江木苺／W. Boléro（ドゥブルベ・ボレロ）　渡邊雄二

Basquaise Ômi framboise

　ガトー・バスクをイメージしたバターの多いリッチな生地でサブレを焼き、コンフィチュールをサンド。コンフィチュールを変えて展開しているシリーズのうちの一品で、地元にしか出回らない近江キイチゴでつくった自家製コンフィチュールをはさんでいる。地産地消を意識して考えた商品だ。

Gâteau Basque

ガトー・バスク／Maison de Petit four（メゾン・ド・プティ・フール）　西野之朗

○ 材料（5.5cm四方×高さ2cmの
　　アルミケース・35個分）

【パート・バスク】
バター（ポマード状）…500g
粉糖…300g
塩…5g
卵黄…100g
ラム…25g
薄力粉（「アンシャンテ」
　　日本製粉）…500g

【クレーム・ダマンド】
バター（ポマード状）…125g
タン・プール・タン*1…250g
薄力粉（「アンシャンテ」
　　日本製粉）…25g
全卵…137.5g
ラム…18.75g

【仕上げ】
ラムレーズン*2…260g
卵黄（水でのばす）…適量

*1：皮なしアーモンドパウダーと純粉糖を同割で混ぜ合わせる。
*2：レーズンを水洗いして水気を拭き、たっぷりのラムに1週間以上漬ける。

POINT

パート・バスクはビーターでゆっくりとすり混ぜること。空気を含ませてしまうと生地がだれて食感が悪くなるので注意する。また、とてもやわらかい生地なので、べたついてのばしづらい。作業のたびに冷凍する手間を惜しまないこと。

○ つくり方

【パート・バスク】

1
ミキサーボウルにバター、粉糖、塩を入れ、低速のビーターで混ぜる。

2
卵黄とラムを混ぜ合わせ、1に2〜3回に分けて加えて混ぜる。

3
2に薄力粉を一気に加えて混ぜる。粉気がなくなったら手で混ぜなおし、均一でダマのない状態にととのえる。

4
ひとまとめにし、ビニールで包み、冷蔵庫で一晩やすませる。

【クレーム・ダマンド】

1
ミキサーボウルにバター、タン・プール・タン、薄力粉を入れ、低速のビーターで混ぜ合わせる。

2
まんべんなく混ざったら、溶いた全卵を数回に分けて加え混ぜる。

3
ラムを加え混ぜる。

【仕上げ】

1
パート・バスクをシーターで厚さ5mmにのばす。

2
35cm×25cmのカードルで2枚抜く。そのうち1枚はカードルからはずし、残りの1枚はカードルにはめたまま、ともに冷凍庫に入れてかたくなるまでおく。

3
カードルにはめたままのパート・バスクの上に、クレーム・ダマンドを厚さ5mmに流し、ラムレーズンをちらす。

4
2でカードルからはずした生地をのせ、冷凍庫にかたくなるまでおく。

5
5cm四方に切り分け、表面に卵黄をハケで薄く塗り、アルミケースに入れる。180℃のコンベクションオーブンで40分焼く。

Basquaise Ômi framboise

バスケーズ・近江木苺／W. Boléro（ドゥブルベ・ボレロ）　渡邊雄二

○ 材料（45〜50個分）

【パート・サブレ】
発酵バター（ポマード状）…300g
ゲランドの塩（細粒）…1.5g
グラニュー糖*1…300g
シナモンパウダー…11g
卵黄*2…90g
A*3
　薄力粉（「エクリチュール」
　　日清製粉）…225g
　薄力粉（「いざなみ」近畿製粉）
　　…150g
　準強力粉（「ラ・トラディション・
　　フランセーズ」ミノトリー・
　　ヴィロン）…75g
溶き卵…適量
【コンフィチュール】
近江木イチゴ*4…500g
冷凍フランボワーズ
　（ロスアンデス）…500g
果糖…240g

*1：グラニュー糖はフードプロセッサーで粉砕する。
*2：常温にもどしておく。
*3：合わせてふるっておく。
*4：フレッシュのものを冷凍しておく。

○ つくり方

【パート・サブレ】

1
ミキサーボウルに発酵バター、ゲランドの塩、グラニュー糖、シナモンパウダーを入れ、低速のビーターで空気を含ませすぎないように注意しながら、なめらかな状態になるまで混ぜる。

2
低速で混ぜ続けたまま、卵黄を2〜3回に分けて加え、卵が全体に行きわたるまで混ぜる。

3
作業台に2を広げ、Aを加えて練りすぎないようカードでさっくりと混ぜ合わせる。

4
バットにビニールを敷いて3を入れ、厚さ1cmの長方形になるようのばす。生地をビニールでぴったりと包んで冷蔵庫に一晩おく。

5
ビニールから出し、シーターにかけて厚さ5mmにのばす。

6
5を5cm×3.5cmの長方形に切り、鉄製の天板に並べる。溶き卵をハケで塗り、フォークで表面に模様を描く。

7
180℃に余熱したコンベクションオーブンに入れ、155℃にして15分焼く。天板の前後を入れ替えてさらに7分焼く。焼き上がったら、天板にのせたまま常温において冷ます。

【コンフィチュール】

1
鍋に冷凍した近江木イチゴと冷凍フランボワーズを入れ、果糖をまぶして30分〜1時間おく。

2
フランボワーズの水分が出てきたら、弱火にかけて蓋はせずに煮る。煮詰まってきたら木ベラで鍋底をこするようにして混ぜ、焦げないように注意しながら1/3量まで煮詰める。

【仕上げ】
コンフィチュールが熱いうちに、サブレ1枚に10gを塗り、もう1枚のサブレではさむ。

POINT

グラニュー糖を粉砕すると粉糖よりもやや粗いくらいの状態になり、サブレ生地がザクッとした食感に仕上がる。

POINT

コンフィチュールはゆるすぎると、パート・サブレに水分がうつって生地がやわらかくなってしまうし、水分をとばしすぎるとかたくてパート・サブレに塗りづらくなる。ギリギリまで水分をとばしつつ、塗れる程度のかたさに調整すること。

クンプット／L'automne(ロートンヌ)　神田広達

Cunput

チョコレートと相性のよいオレンジを組み合わせたケーク。チョコレートの濃厚さとオレンジの鮮烈な味わいをそれぞれはっきりと感じられる仕立てをめざし、チョコレート生地の真ん中に、フレッシュのオレンジ、オレンジペースト、オレンジのリキュールを混ぜ込んだマジパン生地を絞り入れている。

ケークショコラ・フリュイノワール／W. Boléro（ドゥブルベ・ボレロ）　渡邊雄二

Cake au Chocolat et Fruit noir

カカオ分がきわめて高いチョコレートを配合し、ビターな風味を前面にだしたケーク。「あえてグラニュー糖が生地内に溶け残った状態のままオーブンに入れ、焼成中に溶けることできめ細かく、しっとりとしてやわらかい食感」（渡邊さん）となる。

Cunput

クンプット／L'automne（ロートンヌ）　神田広達

◯ 材料（24cm×8cm×高さ6cmのパウンド型・6台分）

【ショコラ生地】
チョコレート*1…470g
牛乳…565g
発酵バター…525g
上白糖…410g
全卵…515g
A*2
　薄力粉…260g
　ベーキングパウダー…22.5g
　ココアパウダー…95g
アーモンドパウダー（皮なし）
　…450g
オレンジピールの砂糖漬け
　（市販・スライス）…450g

【オレンジ生地】
オレンジ…160g
フォンダン（市販）…50g
トリモリン（転化糖）…33.3g
マジパン・ローマッセ…400g
コアントロー…40g
オレンジペースト（市販）…20g

*1：カカオ分70％のものを使用。
*2：合わせてふるっておく。

POINT
ショコラ生地は生地温度が低すぎると分離し、焼き上がりがぼそぼそとした食感になってしまう。材料はすべて常温にもどしておくこと。

◯ つくり方

【ショコラ生地】
1
ボウルにチョコレートと牛乳を入れ、混ぜ合わせながら40℃に温め、ガナッシュをつくる。
2
ミキサーボウルに発酵バターと上白糖を入れ、低速のビーターで白っぽくなるまで混ぜる。
3
全卵を溶き、2に3回に分けて加え、そのつど低速でしっかりと混ぜて乳化させる。
4
3に1のガナッシュを少しずつ加えながら低速で混ぜ、ボウルに移す。
5
Aとアーモンドパウダーを加え、粉気がなくなるまでゴムベラで切り混ぜる。
6
オレンジピールの砂糖漬けを加え混ぜる。

【オレンジ生地】
1
オレンジは皮ごとみじん切りにする。ミキサーボウルにフォンダン、トリモリンとともに入れ、低速のビーターで混ぜる。混ざったらいったん取り出す。
2
ミキサーボウルにマジパン・ローマッセ、コアントロー、オレンジペーストを入れ、低速のビーターで混ぜる。
3
2が混ざったら、1を加えて混ぜ合わせる。

【仕上げ】
1
ショコラ生地を型の高さの1/3くらいまで流す。
2
丸口金（口径20mm）をつけた絞り袋にオレンジ生地を詰め、1のショコラ生地の中央に一直線に絞り出す。
3
残りのショコラ生地を型の8分目まで流し、表面をゴムベラで平らにならす。
4
165℃で約1時間焼成する。焼き上がったら熱いうちに型から出し、コアントロー（分量外）をハケで塗る。

Cake au Chocolat et Fruit noir

ケークショコラ・フリュイノワール／W. Boléro（ドゥブルベ・ボレロ）　渡邊雄二

○ 材料（14cm × 5cm × 高さ6cmのパウンド型2台分）

【ドライフルーツの洋酒漬け】
ドライ黒イチジク…90g
赤ワイン…64.3g
果糖…32.1g
プルーンの洋酒漬け*1…90g
ラムレーズン…30g
マール・ド・ブルゴーニュ…20.6g

【生地】
発酵バター（ポマード状）
　…115.7g
グラニュー糖…115.7g
全卵…90g
スイートチョコレート*2…42.4g
A*3
　薄力粉（「いざなみ」近畿製粉）
　　…62.5g
　薄力粉（「エクリチュール」
　　日清製粉）…31.2g
　準強力粉（「ラ・トラディション・
　　フランセーズ」ミノトリー・
　　ヴィロン）…31.2g
　ベーキングパウダー…0.9g
B*4
　赤ワイン…25.7g
　ホワイトブランデー…1.3g
　果糖シロップ…1.6g

*1：ダークラム少量とともに真空パックしたもの。
*2：「P125 クール・ド・グアナラ」（ヴァローナ／カカオ分80％）を使用。湯煎で溶かして35℃にする。
*3：合わせてふるっておく。
*4：全て混ぜ合わせる。

○ つくり方

【ドライフルーツの洋酒漬け】

1
ドライ黒イチジクは湯（分量外）に浸し、セミドライ程度のやわらかさになるまで戻す。

2
鍋に1、赤ワイン、果糖を入れ、弱火にかける。ひと煮たちしたら火を止め、蓋をしたまま2時間以上おく。

3
2のイチジクとプルーンの洋酒漬けをそれぞれ5mm角に切る。真空パック用の袋に入れ、ラムレーズンとマール・ド・ブルゴーニュを加えて真空にする。一晩おく。

【生地】

1
ミキサーボウルに発酵バターとグラニュー糖を入れ、低速のビーターで混ぜる。

2
グラニュー糖が全体に均一に行きわたったら、溶けきらないうちに全卵を3回に分けて加え、そのつど低速で混ぜる。ツヤが出てきたらミキサーからボウルをはずす。

3
溶かしたチョコレートを加えて手で混ぜ合わせる。チョコレートが混ざったら、ドライフルーツの洋酒漬けを加えて全体に行きわたるまでさらに混ぜる。

4
Aを加え、練りすぎないよう手で粉気がなくなるまで混ぜる。

5
型にバターを塗り、グラシン紙を敷き、グラシン紙にもバター（ともに分量外）を塗る。4を型1台に300gずつ流し、中央を縦一直線にややへこませて凹型にならす。1時間以上冷蔵庫に入れる。

6
165℃で余熱したコンベクションオーブンに入れ、155℃にして1時間焼く。

7
型をはずし、熱いうちに表面にBをうつ。網の上で冷ます。

POINT

生地にグラニュー糖を加えたら、混ぜすぎないこと。溶けきるまで混ぜてしまうと、ねっちりと引きの強い生地になってしまう。「グラニュー糖が生地全体に行きわたり、まだ溶けきってはいない状態のうちにオーブンに入れることで、焼成時の熱でグラニュー糖が溶け、ソフトな食感が生まれる」（渡邊さん）。

L'automne

ロートンヌ

a：ダコワーズ（230円）。自家製のプラリネを使った香り高いクリームをサンド。→レシピp.116　b：フロマージュ キュイエール（230円）。生地とクリームにクリームチーズを加えたブッセ。→レシピp.91　c：カスターニャ（213円）。マロングラッセをたっぷりと混ぜ込み、しっとりと仕上げたケーク。　d：バトンマレショー（1袋380円）。ナッツをまぶしたビスキュイ生地にクーベルチュールをはさんでいる。生地は中までしっかりと焼き込んで軽やかに。　e：オリヴィエ（115円）。生地にはヘーゼルナッツ入りのマジパンを加え、クリのペーストをしのばせている。　f：あ！きなっ娘。（82円）。きな粉をたっぷりと加え、ほろほろと軽やかな食感に。→レシピp.63　g：カフェ（82円）。コーヒーの香りをきかせたサブレ。　h：ピスターシュ（82円）。生地にピスタチオのペーストを練り込み、粗くきざんだピスタチオを混ぜている。　i：モナコ（139円）。最中の皮を使ってフロランタンを軽やかにアレンジ。→レシピp.30　j：ロッシェ（1箱850円）。ピスタチオ、フリーズドライのイチゴ、米のパフをホワイトチョコレートでかためたホワイトデー限定商品。　k：クンブット（213円）。チョコレート生地の真ん中にオレンジ風味のマジパンを絞って焼いたケーク。→レシピp.136

幅広い年齢層に愛される味わいを常に意識。
焼き菓子の売上アップを、生菓子へのさらなる注力につなげる

　当店では焼き菓子の売上比率が6割以上。製造のスケジュールが立てやすく、利益率の高い焼き菓子は経営面においても重要なアイテムだけに商品力を高める工夫は欠かせません。特に大切にしている工程は焼成。食感や味わいの最終調整をする作業であり、やり直しがきかないだけに、思いえがく味わいにするにはどんな温度、時間で焼くのがよいかと、いつも考えています。また、しっかりと焼き込んだ粉の味わいが好きなので、基本的に焼きは強め。その分、かたくなりすぎたり、パサついたりしないよう、配合や製法を工夫して調整しています。

　また、菓子づくりでつねに意識しているのは、幅広い年齢の方に楽しんでいただけるものをつくること。スイーツ好きでない方にも好まれるものは口当たりが軽くてやわらかいというのが僕の持論なのですが、フロランタンの土台に最中の皮を使った人気商品の「モナコ」もそうした観点から思いついたもの。パートを敷き込む手間が省け、労働時間の短縮にもつながります。望むクオリティを保ちつつ手数の少ないレシピを考えることは、労働環境の向上という観点からも積極的に取り組んでいる課題です。

　もうひとつ、大切にしているのが遊び心。"最中"と音の近い国名からつけた「モナコ」もその一例です。バラ売りのほかに、モナコだけを詰めた商品もあるのですが、パッケージはスポーツカー柄。"モナコといえばカーレース"という発想です。このように遊びを大切にした商品がある一方、基本のギフト包材は用途や贈る人を選ばないシックなデザインに。ギフト向けの詰め合わせも用意する一方、個包装の焼き菓子は常時約60種ほどと豊富に揃えて、選ぶ楽しさを大切にしています。

　今後の目標は焼き菓子の売上比率をさらに高めること。利益率が上がれば、生菓子にさらに注力することもできます。そうして、店全体のクオリティをさらに高めていきたいと考えています。

神田広達(かんだこうたつ)

1972年、東京都生まれ。「ら・利す帆ん(東京・大泉学園)」(閉店)で4年間修業後、コンクール出場のためにたびたび渡仏。入賞多数。97年に東京・秋津の洋菓子店を父から引き継ぐ。2010年に江古田に2号店である中野店をオープン。

売上比率
焼き菓子 60〜70%
そのほか(生菓子、イートイン、チョコレート、ゼリー、アイスクリームなど) 30〜40%

DATA
売り場面積_46坪
イートイン_6坪
厨房面積_17坪
製造人数_8人
客単価_約2500円
平均客数_平日350人、週末・祝日500人

SHOP DATA
中野店／東京都中野区江原町2-30-1
☎03-6914-4466
営業時間_11：00〜19：00
定休日_火曜、水曜

1：個包装の焼き菓子は広い店内の中央に置かれた大きなテーブルの上に陳列。 2：入り口脇には季節限定のギフト商品が。 3：中央のテーブルには個包装の焼き菓子が60種、ずらりと並ぶ。 4：3のテーブルの向かいの棚にはプチ・ギフトや詰め合わせを陳列。 5：生菓子の冷蔵ショーケースの並びにも、ボンボン・ショコラなどとともに焼き菓子の詰め合わせが。このように店内数ヶ所にギフトコーナーをつくり、存在をアピールする。

Blondir

ブロンディール

a:パン・ド・ジェーヌ(180円)。パート・ダマンド・クリュを卵やバターとともに泡立て、ふんわり、しっとりと。→レシピp.129　b:ビスキュイ・シャンパーニュ(6本入り・550円)。グラニュー糖を2度ふって焼成。薄膜を張った生地の軽やかさが後を引く、シャンパーニュ地方の伝統菓子。　c:ノネット(350円)。プルーンをしのばせたスパイシーな生地に、ベルガモットの香り高いグラス・ア・ローをかけて。→レシピp.97　d:パン・オ・フリュイ(200円)。キルシュ漬けのフルーツとナッツを少量の粉でつないで焼成。　e:ガレット・ブルトンヌ(200円)。　f:ケーク・オ・ノワゼット(200円)。キャラメリゼしたヘーゼルナッツをペーストと粗きざみにして加え、風味豊かに。　g:マカロン・ナンシー(180円)。素朴な表情とアーモンドの滋味深さが魅力のロレーヌ地方の伝統菓子。→レシピp.55　h:フール・ポッシェ(6個入り・300円)。挽きたてのアーモンドが香り高く、カリッとした歯ざわりが持ち味。→レシピp.28　i:クロッカント ガスコーニュ(180円)。粗きざみのナッツを混ぜ込んだ、無骨な食感のフランス南西部の伝統菓子。→レシピp.50　j:ヴィジタンディーヌ(180円)。アーモンドパウダーに卵白、グラニュー糖、淡く色づけるにとどめた焦がしバターを合わせた、ロレーヌ地方の伝統菓子。

素材以上のおいしさを引き出すことを、大切に。
ギフト需要を意識したきれいな見た目よりも、
おいしそうであることを選ぶ価値観が客を呼ぶ

歴史とともに受け継がれてきた菓子には意味があり、それを追求して真摯に菓子をつくりたいというのが、私の考えです。フランスの地方の店では、伝統菓子もあれば新しい菓子もあり、特別なものというよりも、日常のものとして菓子が存在しています。そのように、ふらりと立ち寄っては気に入った菓子を1～2個買ってもらえるような、自然体のパティスリーでありたいといつも思っています。

焼き菓子についても特にギフト需要を意識せず、素朴な表情の菓子も飾り立てずにそのまま棚に並べています。きれいに見えるよりも、おいしそうに見えるほうが絶対にいい。脱酸素剤は、せっかくの菓子の風味を吸い取ってしまうので入れません。日持ちしないぶん、少量ずつこまめにつくるよう心がけ、1～2週間ごとに1回、それぞれ40～100個ずつ製造するようにしています。

焼き菓子づくりでまず大切なのは、材料です。質の高い素材を選び、その風味を生かしてさらにおいしくするのは料理と同じ。よほど高価な場合は別として、値段にはあまりとらわれず、実際に使ってみてよかった材料を選んでいます。特にナッツ、バター、小麦粉は焼き菓子の味の要となる素材なので、特長の異なるものを数種ずつ揃えて菓子ごとに使い分けます。たとえばアーモンドは、マルコナ種、バレンシア種、シチリア産、アメリカ産の4種。油脂分や風味、ビター感の違いで、菓子の味や香りは大きく変わります。より力強い風味を求めて使う直前に皮をむき、自家製ペーストに加工することもしばしばです。

焼成は仕上がりの決め手であり、フランス菓子においてはいかにして水分をとばすかが大切だと考えています。単に色づければいいのではなく、素材の風味を生かし、その菓子に適した食感に焼き上げなければおいしさは生まれません。中まできっちり火を入れるため、金属製の型を使うのもポイントです。

藤原和彦（ふじわら かずひこ）

1974年、埼玉県生まれ。「サロン・ド・テ・アンジェリーナ」などを経て渡仏。「オー・パレ・ドール」などで修業。帰国後、「パティスリー・フジタ（東京・青山）」（閉店）シェフ・パティシエを務め、2004年独立。15年現在地へ移転。

売上比率

DATA

売り場面積_13坪
厨房面積_14坪
（＋収納スペース1.5坪）
製造人数_1人＋シェフ
客単価_2200円
平均客数_平日40人、
週末60～80人

SHOP DATA

東京都練馬区石神井町4-28-12
☎03-6913-2749
営業時間_10:00～18:00
定休日_火曜、水曜

1：昔ながらのフランスのパティスリーを思わせる、落ち着いた店内。 2：焼き菓子の並ぶ棚の奥には、カフェをイメージした4席のイートインスペースが設けられている。 3：個包装のフール・セックは約20種類、ドゥミ・セックは約10種類。入口近くの棚に整然と並ぶ。 4：ギフトの詰め合わせ見本や、缶入りのプティ・フール・セックも、焼き菓子の棚上段にディスプレイ。 5：手前の側面にカードを差し込める箱に菓子を並べて陳列。引き出せて見やすい。

Pâtisserie Rechercher

パティスリー ルシェルシェ

a：ビスキュイ・シャンパーニュ（1箱580円）。ジェノワーズ生地を一晩乾燥させてから焼成。ほろほろとした食感で素朴な味わい。→レシピp.42　b：ガレット・ポワブル（170円）。マダガスカル産黒コショウのはじけるような香りとクルミの食感がポイント。→レシピp.25　c：ディアマン・ショコラサレ（190円）。生地に粒の粗い塩を加え、カカオのビターな味わいを際立たせる。　d：ヴィエノワ（2枚350円）。ライ麦粉を配合して力強い風味を添え、イチゴ味のチョコレートで酸味をきかせたサブレ。→レシピp.39　e：ブルジャネット（250円）。リンツァートルテをアレンジ。中にはフレッシュ感を残したイチジクの赤ワイン煮とガナッシュが。→レシピp.109　f：パンデピス（300円）。生地にアーモンドパウダーを配合し、しっとり感とコクを加味。　g：キプフェル（1箱520円）。粉の風味に加え、バニラとレモンが香る。　h：ココショコラ（1箱600円）。ココナッツロングを卵白でかためて焼き、ミルクチョコレートでコーティング。　i：ガトー・フリュイ（210円）。ビターなキャラメルとたっぷりのスパイスを加えたパンチのある味わいの生地に、甘みの強いフルーツコンフィを混ぜたケーキ。　j：エダム（1箱600円）。チーズの風味が濃厚なサブレ。→レシピp.59

隠し味に工夫をこらし、立体感と奥行きのある味わいに。
1000円以下のプチギフトを充実させ、
手軽なギフト需要を引き出す

　私にとって焼き菓子は"駄菓子"のイメージです。ほっとする味わいで安心感があり、みんなが大好きで、気軽に買えるもの。とはいえ、当店はパティスリーですから、フランス菓子らしさを大切にしたワンランク上の味わいを提案しています。特に意識しているのは、チョコレート菓子ならカカオ分の高いチョコレートを選び、スパイスを使うならしっかりときかせて味にメリハリをつけ、何を食べているかがハッキリと感じられるようにすること。また、甘みに奥行きを出すため、グラニュー糖の一部をバニラシュガーや三温糖、ヴェルジョワーズなどに置き換えています。甘みに限らず、味わいに奥行きをもたせることはとても大切。チーズのサブレにはパプリカパウダーを、パン・デピスにはアーモンドプードルを、といった具合に、配合にはなんらかの工夫をこらします。そうして、段階的にさまざまな味や香り、甘みがあらわれる起伏のある味わいをめざしています。もうひとつ大事にしているのが、"噛むことで生まれる味わい"。「ヴィエノワ」や「ビスキュイ・シャンパーニュ」といった口溶けのよい菓子も、舌の上で溶けてなくなるのではなく、噛みしめるたびに粉の香りや味わいが感じられるよう、配合や製法を組み立てます。
　また、販売面では住宅地という立地を考慮し、600〜800円台の焼き菓子やコンフィズリーの詰め合わせを充実させています。ちょっとしたおもたせの需要が多いんです。こうしたプチギフトを充実させているせいか、ギフト商品の購入を目的に来店する男性客が多いのも当店の特徴です。
　開業時10品程度だったラインナップは現在22品。いま考えているのは、昔から日本で愛されてきた麩菓子のような駄菓子を私なりの解釈でフランス菓子に昇華させること。そして、オリジナル包材の開発にも着手して、さらなるギフト需要を生んでいきたいと思っています。

村田義武
（むらたよしたけ）

1977年、愛知県生まれ。「なかたに亭（大阪・天王寺）」をはじめ、東京や神奈川のパティスリーで計7年間修業を積む。その後、再び「なかたに亭」へ戻り、7年間スー・シェフとして活躍。2011年に独立。

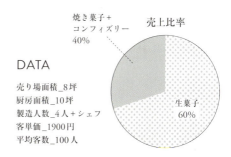

売上比率
焼き菓子＋コンフィズリー 40%
生菓子 60%

DATA

売り場面積_8坪
厨房面積_10坪
製造人数_4人＋シェフ
客単価_1900円
平均客数_100人

SHOP DATA

大阪府大阪市西区南堀江3-9-28
☎06-6535-0870
営業時間_11:00〜19:00
定休日 火曜

1：自然光が差し込む明るい売り場は、入り口右手に冷蔵ショーケースを設置し、左手に焼き菓子を陳列。　2：ギフトボックスは1000円〜5000円の3種類を用意。包材は店のテーマカラーであるグレーとピンクの既製品を採用。　3：個包装の焼き菓子約22種類は透明のクリアケースや木製のトレイを使い、スタイリッシュに陳列。　4：サブレなど、650〜850円のプチギフトを用意し、手軽な手土産の需要にこたえる。

Ryoura

リョウラ

a：フィアンティース(93円)。サクサクのフィアンティースを混ぜ込んだサブレ。→レシピp.63　b：アマンディーヌ(232円)。ドライフルーツの洋酒漬けをしのばせ、ラム酒のシロップをたっぷりとうっている。→レシピp.94　c：サブレ アメリカーノ(93円)。チョコチップとアーモンド入り。　d：キャラメル マカダミアン(232円)。生地の配合は「クロッカン オ ザマンド(f)」とほぼ同じだが、泡立てずに焼くことで異なる食感に。→レシピp.51　e：ケイク オ フリュイ(1713円)。ドライフルーツの洋酒漬けを贅沢に使用。→レシピp.100　f：クロッカン オ ザマンド(463円)。形が崩れにくいスイスメレンゲにアーモンドを混ぜ、サクッと軽快な歯ざわりに。　g：プチシトロン(278円)。夏季限定のレモンケーキ。→レシピp.121　h：キッフェル(260円)。ブールドネージュ生地をパイローラーでのばして三角形にカット。手の熱を極力加えないことで食感が軽くなり、生地のロスも抑えられる。　i：キッフェル ルージュ(314円)。キッフェルにフランボワーズパウダーをまぶして、かわいらしい色あいに。　j：ケイク オランジュ バルサミコ(250円)。ビターなチョコレート生地の中には、煮詰めたバルサミコ酢でマリネしたオレンジコンフィが。

親しみやすさとオリジナリティのバランスを意識。
お客の動線を考慮に入れた陳列で、売上増

　焼き菓子において大事にしているのは、第一に鮮度です。食感や味わいなどはレシピの調整でカバーできますが、香りだけは鮮度がよくなくては出せません。そこで、ドゥミセックは4〜5日、フールセックは10日に1回以上のスパンで製造。香りがとぶのを防ぐため、脱酸素剤は使用しません。

　次に、品ぞろえで意識しているのは、「どこにでもあるお菓子」と「どこにもないお菓子」の両方をバランスよくそろえること。焼き菓子は、理論さえ理解していればいくらでもアレンジできるのが醍醐味。そのさじ加減でお店のカラーが決まっていくので、注力しがいがあります。味づくりにおいては、生菓子と同様、フランス菓子をベースにほんの少しアレンジしてオリジナリティを出しながら、地元の方々にも受け入れられやすい親しみやすさを意識しています。その一例が、マドレーヌとフィナンシェ。マドレーヌは見た目は昔ながらの菊形ですが、自家製のタン・プール・タンを使うなどして、ふんわりして食べやすいけれどアーモンドとバニラがしっかりと主張する、他にはない味に仕上げています。またフィナンシェは、長方形、丸形、オーバル形の3種の型を使い分けて食感の違いを表現する一方、メープルやキャラメルなどなじみのある素材を使ったラインナップとしています。

　開業当初に比べると焼き菓子のアイテムは約1.5倍に増え、現在は約40品。定番商品が9割以上で、新商品も一度お店に並べたら売り続けることがほとんどです。とくに人気が高いのは、筒状ケース入りのフール・セック。入店後は左の棚に向かうお客さまが多いため、その動線を意識して左の棚に移動したところ、売れ数がさらに伸びました。と同時に、向かいのパウンドケーキの棚に向かう動線が生まれ、こちらまで動きがよくなりました。

　今後はアーモンドを産地別に使い分けるなど、より素材の特質にフォーカスしたお菓子もつくっていきたいと思っています。

菅又亮輔
（すがまたりょうすけ）

1976年、新潟県生まれ。26歳で渡仏。3年間の修業後、「ピエール・エルメ サロン・ド・テ（千葉）」スー・シェフ、「ドゥーパティスリーカフェ（東京・都立大学）」（閉店）シェフ・パティシエを経て、2015年に独立。

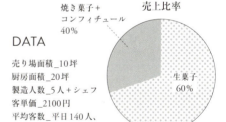

売上比率
- 焼き菓子＋コンフィチュール 40%
- 生菓子 60%

DATA
売り場面積_10坪
厨房面積_20坪
製造人数_5人＋シェフ
客単価_2100円
平均客数_平日140人、週末・祝日180〜200人

SHOP DATA
東京都世田谷区用賀4-29-5
グリーンヒルズ用賀ST 1F
☎03-6447-9406
営業時間_11:00〜17:00
定休日_火曜、水曜（不定休）

1：店内は、白と水色が基調のシンプルなデザイン。中央にアンティークのパンの作業台を置き、個包装の焼き菓子を陳列。　2：パウンドケーキとコンフィチュールは店内右の壁に陳列。　3：中央の台の上にアンティークの額縁を置き、中にドゥミ・セックを並べる。　4：おすすめの詰合せに「NO.1」のプレートを付けたところ売上が伸びた。　5：テーマカラーの水色を使った店内左の棚。筒状のケース入りのフール・セックを陳列。

Éclat des jours pâtisserie

エクラデジュール パティスリー

a：セザム（200円）。黒ゴマペーストたっぷりでしっとり。　**b**：ティグレ（200円）。チョコチップ入りのフィナンシェ生地の真ん中には濃厚なガナッシュが。　**c**：エクラマドレーヌ（200円）。店名を冠したマドレーヌ。ビター感の強いマジパン・ローマッセがベースのリッチな味わい。　**d**：グテ・ココ（200円）。ココナッツファインたっぷりのドゥミ・セック。中にはガナッシュが。→レシピp.124　**e**：スペキュロス（1袋400円）。オレンジとシナモンをきかせ、カリッとした食感に焼き上げている。→レシピp.38　**f**：フィナンシェフランボワーズ（200円）。縁はカリッと、中はもっちりした生地の中央にはフランボワーズのコンフィチュールがひと筋。→レシピp.82　**g**：レガルサヴォワ（200円）。フランボワーズのコンフィチュールをヘーゼルナッツ入りのビスキュイ生地とパート・シュクレでサンド。→レシピp.112　**h**：サブレシトロン（1袋400円）。香ばしいサブレでカリッとしたレモンのグラス・ア・ローをはさんでいる。→レシピp.18　**i**：グリオッティース（160円）。ピスタチオペースト入りのフィナンシェ生地には隠し味でアプリコットのコンフィチュールが。キルシュ漬けのグリオットをのせて。　**j**：フロランタン（200円）。パート・シュクレにナッツとミックスフルーツ入りのキャラメルを流して焼いた食べごたえのあるフロランタン。

ギフト商品はつねに20種類以上を用意。
幅広い選択肢で、使い勝手のよさをアピール

　開業計画中から焼き菓子のギフト需要は狙っていきたいと考えていました。当店は住宅と企業が混在するエリアに立地し、数世代にわたる厚いファミリー層を抱える一方、ビジネス需要も多い。客層が多様なら、需要もさまざま。贈る相手は友だちか上司か、接待相手か、用途は慶事か仏事か、関係性やシチュエーションは多岐にわたります。そこでどんな需要にもこたえるべく、さまざまなサイズのギフトセットを常時20種類ほど用意。価格帯は500円～8000円と幅広く設定し、中心価格帯の1000～3500円は500円きざみで揃えています。

　一年を通して最も出数が多いギフトセットは看板商品である「エクラマドレーヌ」の木箱詰め。これは店を印象づけるための商品であり、一番売りたいものでもあります。そこで、入店してまず目に入る中央の棚に。陳列面積を大きくとることで売れ筋に育てました。そのほかに季節ごとに変わるギフトセットも5～6種ほど並べています。ギフト商品を豊富に用意しているだけあり、ギフトのご注文の9割は店で用意したセットが占めます。

　自分用の購入も多い個包装の焼き菓子は、ドゥミ・セックは1個200円、フール・セックは1袋400円とほとんどの商品で価格を統一。価格差を気にせずに選べて、合計金額の計算が簡単な方がよいだろうと考えてのことです。ちょっとしたことですが、こうした買いやすくするための工夫も大切にしています。

　焼き菓子のおいしさはしっかり焼き込んだ粉の味わいにあるというのが私の考え。そして、味の要となるアーモンドパウダーはほとんどのもので皮付きを使っています。皮の苦みやえぐみは味に奥行きを生み、見た目にも表情が出ます。どの商品も2週に1回以上の頻度で焼き、よく出るものは1～3日に1回焼いて、おいしいうちに売り切ります。焼き菓子の売上比率は開店以来、上がり続けており、今後もさらに伸ばしていきたいと思っています。

中山洋平
(なかやまようへい)

1979年、東京都生まれ。洋菓子店やホテルに勤務後、2008年に渡仏し、オート・サヴォワとパリで計2年半修業。帰国後、「銀座菓楽(東京・銀座)」、「ルエールサンク(東京・京橋)」シェフを経て14年に独立。

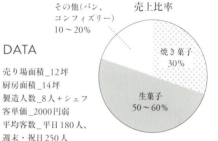

売上比率
- その他(パン、コンフィズリー) 10～20%
- 焼き菓子 30%
- 生菓子 50～60%

DATA
売り場面積_12坪
厨房面積_14坪
製造人数_8人+シェフ
客単価_2000円弱
平均客数_平日180人、週末・祝日250人

SHOP DATA
東京都江東区東陽町4-8-21 TSK第2ビル1F
☎ 03-6666-6151
営業時間_11:00～19:00
定休日_火曜、水曜(詳細Instagram参照)

1：店内奥に生菓子、左に個包装の焼き菓子、中央に季節のギフトを配置。　2：中央の棚には看板商品である「エクラマドレーヌ」のギフトを常に積み上げる。まわりに配した季節のギフトは2～3ヶ月に1回入れ替える。　3：個包装の焼き菓子は下の棚にドゥミ・セック、上の棚に袋入りのフール・セックを。上段中央にはエクラマドレーヌをカゴに入れてディスプレイ。　4：店内右の棚には定番のギフト商品が。つねに12種類を用意する。

10店の詰め合わせ

詰め合わせが売れるようになれば、焼き菓子の売上比率を格段に伸ばすことができる。ここでは、各店の定番の焼き菓子詰め合わせの中から、年間を通じてもっとも動きのよいものをご紹介するとともに、各店のギフト展開にもふれていきたい。

Maison de Petit four
メゾン・ド・プティフール

店名にもなっているプティ・フールの詰め合わせはかわいいイラスト入りの缶で人気。特によく売れるのは4種入りのS缶(1500円、写真)。ほかに9種入りのM缶(3000円)、13種入りのL缶(4700円)がある。ドゥミ・セックの詰め合わせは2000台、3000円台、4000円台のものを1種ずつ用意。缶と同じイラストを使った紙箱のプチギフト1019〜1700円も手軽なプレゼントに人気。

Lilien Berg
リリエンベルグ

一番人気はMixクッキー(写真)で、クリスマス前からホワイトデーにかけては多い日で1日100〜150箱を売る。箱入りの詰め合わせは2000〜8000円台で6種を揃える。また、カゴに入れてリボンがけした詰め合わせも5〜6種用意。カゴ入りは2000〜3000円台で、詰め合わせ内容によって金額が変わる。プチギフトとしては焼き菓子7点の詰め合わせ1330円がある。

Éclat des jours pâtisserie
エクラデジュール パティスリー

定番の詰め合わせは500円と900円のプチギフトのほか、1000〜3500円までは500円きざみで用意。高額な詰め合わせとしては5500円と8000円がある。最もよく出るのは丸い貼り箱に詰めた1000円のセット(写真)。ドゥミ・セック5種入りで、箱なしで購入したときと同じ値段というサービス価格。季節ごとに中身を入れ替えて、繰り返し購入してもらえるように工夫している。

Ryoura
リョウラ

お客が選んだ品を詰め合わせるスタイルが主。折り箱、貼り箱ともにS・M・Lの3サイズ展開で、色やデザイン違いで全11種を用意。商品と箱の代金を合わせて2500〜3500円で注文するお客が多い。写真は人気のフール・セック2品、ドゥミ・セック5品を詰め合わせてSサイズの箱に詰めたもの(2750円・内税)。

L'atelier MOTOZO
ラトリエモトゾー

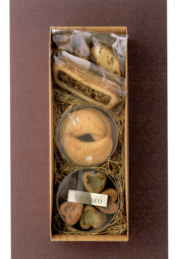

詰め合わせは用意していないが、価格とボリュームのバランスをイメージしやすいよう、詰め合わせ見本を展示。箱は3サイズ用意しており、Sサイズ(写真)はだいたい2000円台、Mは3000円台、Lは5000円台の詰め合わせになる。箱は3サイズとも縦のサイズが同じものを用意。菓子を詰めた円筒状のケース3個がちょうどぴったり入る長さだ。

La Vieille France
ラ・ヴィエイユ・フランス

焼き菓子の詰め合わせは1500円、2550円、3100円、5150円を用意。10個入りの2550円のもの（写真）がもっともよく出る。内容は日によって異なる。男性客はこれらの詰め合わせを購入することがほとんどだが、女性客は個包装を選んで詰め合わせることが多い。他に、オリジナルブレンドのコーヒーのドリップパックやコンフィチュールとの組合せも提案。

Pâtisserie Rechercher
パティスリー ルシェルシェ

詰め合わせは1600円、2000円、3600円の3種と絞り込んでいる。個包装のフール・セックとドゥミ・セック全17種から、それぞれ6種、8種、15種を詰め合わせる。この中では、ほぼ全種類を網羅した3600円の詰め合わせ（写真）がもっともよく売れる。詰め合わせを選ぶお客と自分で選んだ菓子を詰め合わせるお客の比率は半々くらい。

W. Boléro
ドゥブルベ・ボレロ

6個入り1440円、9個入り2110円、12個入り2800円（写真）、15個入り3490円を用意。どれも動くが、中元・歳暮の季節には特に12個入りが売れ筋。このほかに、ドゥミ・セック8種とクッキー2種の詰め合わせも（3000円）あり、クッキーのみ好きなものを選べるというセミオーダースタイルで人気。クッキー缶（100枚入り3,000円）は多い月は500缶を売る。

L' automne
ロートンヌ

以前は2000円台、3000円台、5000円台の詰め合わせをそれぞれ1種ずつ用意しており、3000円台のものが売れ筋だったが、最近、4000～5000円台を5種に増やし、さらに8000円台のものを追加。すると、4000～5000円台の動きがよくなった（写真は4978円）。「中間の価格帯のものを購入したがる消費者心理があるらしく、高額商品を新たに用意したことで、より高い商品がよく動くようになりました」（神田さん）。

Blondir
ブロンディール

焼き菓子の詰め合わせは1200円、2500円、5000円の3種を用意。一番人気は12種入りの2500円（写真）。これらから選ぶお客と自分で選んで詰め合わせるお客との割合は半々ほど。男性客はあらかじめ用意した詰め合わせから選ぶことが多い。プティ・フール・セックの詰め合わせ（6種入り）も用意しており、オリジナルの缶入りで2300円。

焼き菓子の売れてるパティスリーの
フール・セックとドゥミ・セック

10店のレシピと差がつく売り方

初版発行　2017年7月25日
3版発行　2022年9月10日

編者©　柴田書店
発行者　丸山兼一
発行所　株式会社 柴田書店
東京都文京区湯島 3-26-9　イヤサカビル　〒113-8477
電話　営業部　03-5816-8282（注文・問合せ）
　　　書籍編集部　03-5816-8260
URL　https://www.shibatashoten.co.jp/
印刷・製本　シナノ書籍印刷株式会社

本書掲載内容の無断掲載・複写（コピー）・
引用・データ配信等の行為は固く禁じます。
乱丁・落丁本はお取替えいたします。
ISBN978-4-388-06266-9
Printed in Japan